GESTÃO DE NEGÓCIOS DE ALIMENTAÇÃO

CASOS E SOLUÇÕES

ADMINISTRAÇÃO REGIONAL DO SENAC NO ESTADO DE SÃO PAULO
Presidente do Conselho Regional: Abram Szajman
Diretor do Departamento Regional: Luiz Francisco de A. Salgado
Superintendente Universitário e de Desenvolvimento: Luiz Carlos Dourado

EDITORA SENAC SÃO PAULO
Conselho Editorial: Luiz Francisco de A. Salgado
           Luiz Carlos Dourado
           Darcio Sayad Maia
           Lucila Mara Sbrana Sciotti
           Luís Américo Tousi Botelho

Gerente/Publisher: Luís Américo Tousi Botelho
Coordenação Editorial: Verônica Pirani de Oliveira
Prospecção: Andreza Fernandes dos Passos de Paula, Dolores Crisci Manzano, Paloma Marques Santos
Administrativo: Marina P. Alves
Comercial: Aldair Novais Pereira
Comunicação e Eventos: Tania Mayumi Doyama Natal

Edição e Preparação de Texto: Vanessa Rodrigues
Fotos: Luiz Henrique Mendes, exceto páginas 11, 25, 59, 73, 93, 129, 175, 229 (iStock)
    e 55 e 149 (Alexandre Martins Alves)
Coordenação de Revisão de Texto: Marcelo Nardeli
Revisão de Texto: Karen Daikuzono
Coordenação de Arte: Antonio Carlos De Angelis
Capa, Projeto Gráfico e Editoração Eletrônica: Sandra Regina Santana
Imagens da Capa: iStock
Impressão e Acabamento: Gráfica CS

Proibida a reprodução sem autorização expressa.
Todos os direitos desta edição reservados à
Editora Senac São Paulo
Av. Engenheiro Eusébio Stevaux, 823 – Prédio Editora –
Jurubatuba – CEP 04696-000 – São Paulo – SP
Tel. (11) 2187-4450
editora@sp.senac.br
https://www.editorasenacsp.com.br

© Editora Senac São Paulo, 2019

Dados Internacionais de Catalogação na Publicação (CIP)
(Jeane Passos de Souza - CRB 8ª/6189)

Nishio, Erli Keiko
    Gestão de negócios de alimentação: casos e soluções / Erli Keiko Nishio, Alexandre Martins Alves. – São Paulo : Editora Senac São Paulo, 2019.

    Bibliografia
    ISBN 978-85-396-2990-9 (impresso/2019)
    e-ISBN 978-85-396-2991-6 (ePub/2019)
    e-ISBN 978-85-396-2992-3 (PDF/2019)

    1. Alimentos e bebidas : Hotelaria 2. Restaurante (Serviços) 3. Alimentos (Preparação) 4. Negócios de alimentação : Gestão I. Alves, Alexandre Martins. II. Título.

19-1026t   CDD – 647.95
                                        BISAC TRV022000

Índices para catálogo sistemático:
1. Alimentos e bebidas : Hotelaria   647.95
2. Negócios de alimentação : Gestão   647.95

ERLI KEIKO NISHIO • ALEXANDRE MARTINS ALVES

GESTÃO DE NEGÓCIOS DE ALIMENTAÇÃO

CASOS E SOLUÇÕES

Editora Senac São Paulo - São Paulo - 2019

SUMÁRIO

NOTA DO EDITOR, 7

AGRADECIMENTOS, 8

1  **O QUE É GESTÃO?, 10**

2  **ESPECIFICAÇÃO DE MATÉRIA-PRIMA, 24**

3  **CUSTO DA MERCADORIA VENDIDA (CMV), 58**

4  **CUSTOS, 72**

5  **COMPRAS, 92**

6  RECEBIMENTO, 128

7  ESTOQUE, 148

8  PRODUÇÃO, 174

9  ENGENHARIA DE CARDÁPIO, 228

REFERÊNCIAS, 255

ÍNDICE DE CASOS, 257

ÍNDICE GERAL, 259

NOTA DO EDITOR

"Meu sonho é ter um café", diz o conhecido que pretende juntar as economias para mudar de vida. "Eu quero levar minha cozinha pra mais gente", afirma o estudante de gastronomia. "Comida não tem crise... todo mundo precisa comer", anima-se aquele que quer transformar o talento com as panelas em ganha-pão.

Para quem está começando, este livro encurta o caminho às vezes sofrido que os donos percorrem até o negócio de alimentação se estabilizar, apresentando métodos que substituem o "tentativa e erro" comum na área. Para quem já está no mercado, é um guia prático para melhorar os processos e otimizar os lucros – resultados que exigem "descascar" desafios como:

- aplicar a especificação correta das mercadorias;
- entender como os alimentos se modificam desde a entrada em estoque até o consumo pelo cliente, refletindo essas transformações no controle de custos;
- planejar as compras em sintonia com o setor de produção;
- estabelecer rotinas de recebimento que funcionem como a primeira barreira antidesperdício;
- aplicar os conceitos de estoque de segurança, estoque máximo e ponto de pedido na delicada matéria-prima que é o alimento;
- fixar metas de produção e fazer a equipe trabalhar dentro desses indicadores;
- praticar a engenharia de cardápio com dados confiáveis.

Os autores apresentam cada tema como o passo a passo de uma receita de resultados comprovados. Com a presente obra, o Senac São Paulo reafirma sua vocação para o aprimoramento do mercado da gastronomia e reforça valores que são pilares em sua atuação: a atitude empreendedora e a excelência.

AGRADECIMENTOS

Ao longo de muitos anos de docência, foram inúmeros os incentivos de alunos e amigos para que escrevesse um livro com os "casos", uma forma de ensinar gestão por meio dos conhecimentos construídos durante a vida profissional, aliados aos ensinamentos acadêmicos. Deixar legado e compartilhar; não morrer "semente".

Foi fundamental a "intimação" da Márcia Cavalheiro Rodrigues de Almeida; foi o empurrão que faltava.

Agradeço a Alexandre Martins Alves, que se tornou parceiro acadêmico, literário e profissional e que colaborou com mais casos de gestão e na coautoria do livro.

Agradeço aos meus pais, Noboru-san e dona Rosa, pelos bentôs e pelas horas de costura para permitir a minha ida à faculdade; às minhas filhas, Celinha e Camila; à Jacqueline, neta querida, pelo apoio constante; a Sam, Borba, Bonnie e Moti, os filhos peludos que ficaram sem colo por alguns meses, e a todos que participaram direta e indiretamente do conteúdo do livro.

Ao professor Filippo Santolia, pelo constante incentivo.

Agradeço à Agro Comercial Porto, em especial a Rafaella Saldanha e Evania Miranda, e ao frigorífico BB/Bassar Carnes Premium, especialmente a Rodnei Braun (sócio-diretor), Ronaldo Clemente (gerente de produção) e Rubia Geraldini Rocha (gerente de qualidade), por separarem todas as mercadorias conforme especificações solicitadas (outubro de 2018), contribuindo para ilustrar os casos.

A Luiz Henrique Mendes, que realizou as fotografias com muita paciência. Acostumado a fotografar lindos pratos, viu seu estúdio ser invadido por insumos.

Obrigada a todos!

Erli Keiko Nishio

Nesses mais de vinte anos atuando na área de gestão, principalmente no mercado alimentício, pude acompanhar os avanços e as mudanças que esse mercado teve, desafiando muitas vezes as barreiras que impediam seu crescimento e sua profissionalização. Muitas dessas barreiras consistiam na falta de conhecimento das pessoas envolvidas.

Quando recebi o convite de minha amiga e mentora Erli para escrevermos este livro, não tive dúvida em aceitar, pois acreditei que poderíamos colaborar para reduzir um pouco esses obstáculos presentes na área de alimentação.

Após escrever dois livros (sobre gestão de fluxos de materiais e sobre engenharia de cardápio), esta obra foi deliciosamente preparada, página por página, compartilhando alguns de nossos casos mais importantes – os quais, tenho certeza, ajudarão muitas pessoas.

Agradeço aos meus pais, Iracema e José, pelo apoio e pelo incentivo à minha formação. Sou grato também à tia Célia, que sempre confiou em mim e patrocinou alguns dos meus estudos. Obrigado também ao Glaubert, que jamais me negou apoio, carinho e incentivo.

Obrigado a todas as pessoas que contribuíram para o meu sucesso e crescimento profissional, principalmente a Gustavo Perego Costa, grande gestor, com quem aprendi muito. Grato pela confiança.

Agradeço também ao restaurante Mori Ohta Sushi, em especial a Fernando Ohta, pela liberação de seu espaço para algumas fotos.

Alexandre Martins Alves

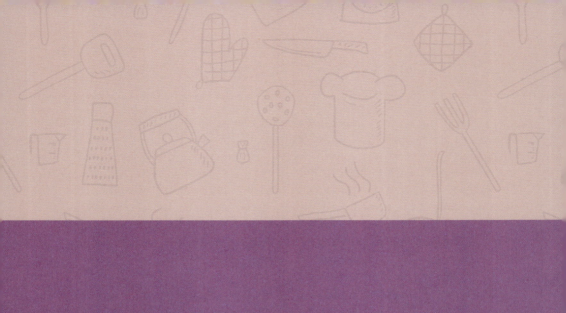

O QUE É GESTÃO?

Quando falamos em gestão, podemos dizer que significa realizar a administração de uma empresa ou de outras instituições, para fazer com que alcancem seus objetivos, os quais podem ser de manutenção ou de crescimento.

Para que os objetivos sejam atingidos, essa gestão deve buscar ser os "Es" a seguir.

- **Eficiente:** a gestão eficiente busca cumprir sua função corretamente e da melhor maneira possível, utilizando produtivamente os recursos disponíveis, ao menor custo-benefício e em menor tempo. Em suma, é fazer a coisa certa com menor custo.
- **Eficaz:** uma gestão eficaz compreende a necessidade da utilização de metodologias apropriadas para a obtenção dos resultados. Em resumo, faz o que é preciso para alcançar os objetivos.
- **Efetiva:** uma gestão efetiva se caracteriza por realizar algo (ou seja, é eficaz) da melhor forma possível (ou seja, é eficiente). Assim, podemos afirmar que consiste em administrar a situação de modo que se consigam alcançar as metas estabelecidas.

A gestão se realiza com base em um conjunto de processos que fazem o empreendimento girar e seguir para a frente. Se conseguirmos medir esse conjunto de processos, analisar as informações que surgirão e, então, tomar as providências necessárias para a resolução das questões que poderão vir à tona, estaremos gerindo com eficiência, eficácia e efetividade.

Em um negócio de alimentação ou de alimentos e bebidas (A&B), medir é pesar ou contar; é utilizar uma balança e uma calculadora como uma das formas mais simples e práticas de aplicar gestão.

Portanto, para iniciar a gestão nessa área é necessário:

- ter uma balança de 15 kg calibrada recentemente;
- usar uma calculadora que, de preferência, não seja a do celular – tenha uma para o seu negócio;
- conhecer um pouco de planilhas eletrônicas ou utilizar um bom sistema de gestão;
- atuar com vontade e muita persistência.

INTEGRAÇÃO DOS FATORES QUE FAZEM GIRAR A RODA DO NEGÓCIO

Fazer gestão é trabalhar integrando operação, planejamento, compras, contato com fornecedores, logística e produção, até que o produto final chegue ao cliente ou consumidor final.

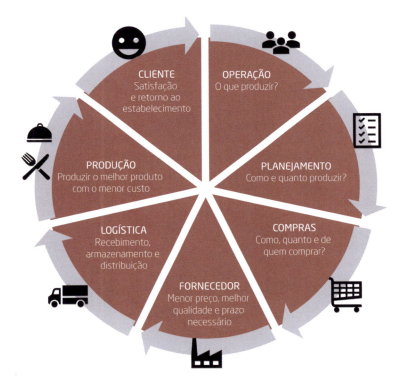

Figura 1.1 | Os diversos fatores envolvidos nos negócios de alimentação.
Fonte: Alves (2018).

Os profissionais envolvidos nessas frentes precisam trabalhar harmoniosamente visando ao mesmo objetivo, pois não há gestão sem trabalho em equipe, sem integração.

CASO 1 – A IMPORTÂNCIA DA INTEGRAÇÃO

Estabelecimento
Restaurante *self-service* à vontade e com preço fixo, localizado no interior do estado de São Paulo.

Cenário encontrado
Nesse restaurante, havia uma pessoa que era responsável por montar o cardápio e realizar as compras. Esse colaborador jamais se dirigia à cozinha para saber se os produtos comprados atendiam às necessidades, sob a alegação de que vivia sem tempo e estava sempre "apagando incêndio" com compras de última hora, além de ter outros afazeres, como cuidar da manutenção e adquirir produtos que não eram alimentos.

Por outro lado, na produção, ocorriam muitas perdas e muitos retrabalhos, pois a qualidade da matéria-prima que era entregue nunca havia sido questionada. A equipe de produção não tinha o hábito de avaliar a matéria-prima, pois acreditava que os desperdícios que ocorriam eram normais, afinal os produtos comprados eram sempre os mais baratos.

O desperdício se encontrava em patamar elevado, e também era grande o prejuízo com a perda de verduras que sobravam.

Encaminhamento e soluções
Com o trabalho de consultoria realizado, um fluxograma de trabalho foi implantado com a participação de todos os envolvidos, criando o hábito de os colaboradores se reunirem e discutirem os problemas que ocorriam. Nesse processo, o comprador passou a acompanhar o recebimento da matéria-prima e a manipulação dos produtos na operação, fazendo o que chamamos de monitoramento.

Foram realizados estudos de custo-benefício de verduras, avaliando perdas, rendimento e mão de obra.

As frutas foram reespecificadas conforme uso e necessidade. Abacaxis pequenos foram substituídos por grandes para gerar mais produtividade e maior rendimento; melancias passaram a ter tamanhos médios de 7 kg a 10 kg cada uma, e as laranjas-pera adotadas foram as do tipo 13 (ver página 36) (caso 5: "O tamanho da laranja"). Os fornecedores foram orientados sobre todas essas mudanças de especificação. (Mais informações sobre especificação, ver capítulo 2, página 24.)

Nesse trabalho, realizou-se treinamento para o recebimento de mercadorias. Todas as frutas passaram a ser pesadas e/ou contadas.

A fim de diminuir o desperdício, houve alteração de cortes de frutas. E, para reduzir o prejuízo com a perda de verduras que sobravam, passaram a ser utilizadas verduras higienizadas e processadas.

Também foi implantado processo de produção antecipada com *cook chill*,[1] aplicando resfriamento rápido de alimento e melhorando a produtividade da operação.

Resultados

Redução de desperdícios, redução de custo, reavaliação do quadro de mão de obra e, consequentemente, melhora da lucratividade do restaurante e da satisfação do cliente. A equipe se tornou mais coesa, pois os objetivos foram direcionados para o mesmo interesse de todos os envolvidos.

---

[1] Por esse processo, o alimento é cozido a 74 °C por mais de 5 minutos e, em seguida, resfriado até 3 °C em equipamentos que baixam a temperatura do produto rapidamente.

PLANEJAMENTO

Precisamos ter em mente que o objetivo final de um negócio – e o de A&B não é diferente – é a obtenção de lucro. Para isso, é necessário que o cliente receba um produto ou serviço que atenda à sua expectativa.

Gestão, como vimos, passa por alguns caminhos, e um deles é o planejamento. No entanto, quando falamos de planejamento, ouvimos muitas vezes de nossos clientes e alunos: "O que devo planejar?". Ou, ainda: "Não sei por onde começar meu planejamento".

Os pontos-chave de planejamento em A&B são os descritos a seguir (e mostrados na figura 1.2).

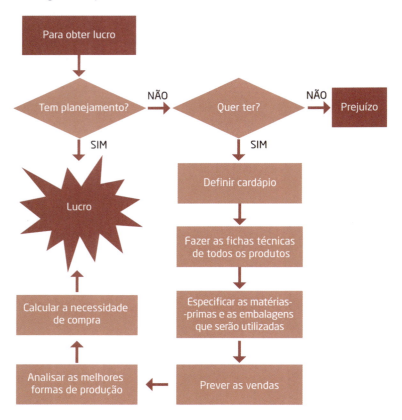

Figura 1.2 | Fluxograma de planejamento.

- **Definir cardápio:** todo negócio voltado à alimentação deve ter com clareza o motivo de existir e, assim, saber o que venderá. A definição dos produtos a serem comercializados – a confecção do cardápio – passa pela escolha do perfil do negócio e do público consumidor.
- **Fazer as fichas técnicas de todos os produtos:** quando falamos de ficha técnica para um negócio de A&B, não estamos nos referindo às receitas dos pratos que o estabelecimento normalmente diz que tem. Para atender aos objetivos de produzir e de planejar, as fichas técnicas precisam contemplar itens específicos. Então, estamos falando de dois tipos diferentes de ficha técnica: a operacional (que contém foto do produto final, todas as etapas da elaboração do produto e informações de boas práticas de fabricação) e a de planejamento (também chamada de ficha de gestão e que descreve todas as matérias-primas utilizadas na produção do produto final). As fichas serão detalhadas no capítulo 4 (ver página 72). Entre os negócios voltados à alimentação com os quais trabalhamos, menos de 10% possuíam fichas técnicas dos produtos elaboradas corretamente.
- **Especificar as matérias-primas e as embalagens que serão utilizadas:** conhecer exatamente as necessidades do negócio durante a elaboração das fichas técnicas auxilia na especificação de matérias-primas, bem como na definição das embalagens de matéria-prima necessárias para a elaboração dos produtos que serão vendidos.
- **Prever as vendas:** prever o que será vendido e quanto será vendido facilita o planejamento para a produção desses produtos, assim como as compras de matérias-primas e suas embalagens. Assim, como vimos anteriormente, uma ação está integrada à outra, e a comunicação é o elo perfeito entre elas.
- **Analisar as melhores formas de produção:** após o conhecimento do que será produzido, é possível planejar como produzir, e para isso existem algumas formas de produção. Umas são mais rentáveis que outras, algumas levam mais tempo, outras necessitam de determinados equipamentos, enfim, a fase de produção também deve levar em conta a gestão de que tanto temos falado.
- **Calcular a necessidade de compra:** a necessidade de compra, basicamente, surge com a previsão do que será vendido, levando sempre em conta o estoque de insumos existente. Não devemos comprar nem mais nem menos do que o necessário.

Quando ocorre esse fluxo de ações realizadas com uma boa gestão, temos condições de criar planejamento em todas as fases. Havendo planejamento, é possível obter o que mais se deseja em um negócio, que é o lucro esperado.

CASO 2 – DEFINIÇÃO DE CARDÁPIO, FOCO NO CONCEITO DO NEGÓCIO

Estabelecimento
Restaurante *self-service* por quilo, localizado na cidade de São Paulo.

Cenário encontrado
O restaurante possuía um nome japonês, mas não servia qualquer prato oriental. Oferecia pratos diversificados.

As vendas estavam caindo, assim como a lucratividade. Após a entrada de uma sócia que tinha hábitos veganos, os proprietários pensavam em incluir no cardápio pratos veganos para atrair também esse público, porém sem deixar de oferecer todas as opções que já existiam.

Encaminhamento e soluções
O primeiro item consistiu em definir o foco do restaurante. Após essa definição, os sócios modificaram o nome do restaurante, buscando uma identificação de alimentação mais saudável, embora não vegana, mantendo os pratos que mais eram consumidos – inclusive proteínas de origem animal – e inserindo produtos vegetarianos ou mais saudáveis.

Essas opções se deram por dois aspectos que foram levantados durante a consultoria: a capacidade de produção existente não comportaria a confecção de mais pratos diferentes, e haveria a possibilidade de ocorrer produção cruzada entre proteínas de origem animal e produtos veganos, o que certamente interferiria no sucesso em atingir esse público.

Resultados
Após a finalização do trabalho, foi observado aumento significativo no faturamento e na lucratividade do negócio.

GESTÃO OPERACIONAL

Gestão operacional consiste em buscar a melhor otimização da matéria-prima, conseguir o melhor rendimento, planejar, controlar, reduzir desperdícios, produzir no menor tempo, facilitar a obtenção de uma maior lucratividade.

Uma das primeiras obrigações de qualquer área de operação em A&B é garantir a exatidão das fichas técnicas (ver páginas 76 a 80). Caso sejam percebidas divergências, as fichas e a operação devem ser corrigidas imediatamente, para que se tenha um cálculo perfeito tanto para as compras como para a produção.

Também é necessário ter conhecimento dos indicadores de desempenho. Os mais utilizados nos negócios em geral, e não só nos de A&B, tanto na gestão financeira como na gestão operacional, são:

- receita (faturamento);
- custos fixos;
- folha de pagamento;
- *turnover* de funcionários;
- custos variáveis;
- custo da mercadoria vendida (CMV; ver capítulo 3, página 58);
- margem de contribuição (preço de venda menos custo);
- *ticket* médio.

Na área de alimentação, podemos dizer que, como indicadores operacionais, o conhecimento do CMV e da margem de contribuição é de suma importância para medir o resultado, pois os dois refletem efetivamente o desempenho da matéria-prima e a sua transformação nas refeições.

Segundo Lucentini (2014), o custo final de um produto – um copo de suco, um prato de salada, de arroz, de feijão ou de proteína – nada mais é do que a soma de indicadores. É a transformação da matéria-prima em diversas etapas, cabendo aos responsáveis pelo negócio avaliar a movimentação dos produtos, buscando sempre a otimização. Os indicadores devem mensurar e monitorar todos os processos e subprocessos de determinadas áreas, tendo sempre em mente que indicadores operacionais são resultados de procedimentos de trabalho. Ou seja, refletem o modo como está sendo feita a operação.

Nos negócios de A&B, muitas vezes, vemos que infelizmente são avaliados apenas os preços de compra, sem a noção de que esse preço de compra (ou, pelo menos, o que se acredita que seja o custo do produto final) pode sofrer variações durante o processo produtivo.

Os preços pagos pelas matérias-primas nas compras "caminham" ao longo do processo produtivo, que compreende o recebimento da mercadoria, o armazenamento, a distribuição entre as áreas e a produção em si. Esses preços vão sofrendo alterações decorrentes de quantidades não recebidas, de rendimentos não planejados, de desperdícios desnecessários, de modo que podem aumentar a ponto de inviabilizar o produto final.

Assim, os custos variam conforme o conhecimento que se tem dos indicadores existentes. Se não houver domínio da operação, se não houver indicadores, os resultados serão a soma de ineficiência ou de acaso. Da mesma matéria-prima – arroz, feijão, carne, etc. –, é possível obter resultados diferentes, pois são a física (a transformação da matéria) e a matemática (o custo) agindo sobre ela.

Feitas essas considerações, podemos afirmar que, em A&B, a gestão operacional é implementada considerando três grandes ações: controlar processos; integrar planejamento, produção e vendas/distribuição/marketing; e fazer render o recurso material.

- **Controlar processos:** em nossa experiência, em muitos casos encontramos uma produção ocorrendo sem quaisquer planejamento e controle, vendas sendo realizadas sem integração com a produção e sem planejamento de abastecimento e, ainda, algumas produções até com planejamento, porém sem controle sobre o planejado e sobre a produção. Ou seja, uma "integração da falta de organização" em que os fatores se retroalimentam para um mau resultado. É preciso controlar o que foi planejado, controlar o que está sendo produzido e controlar o que está sendo vendido ou distribuído, e isso só é possível com a integração propiciada pela geração de dados e indicadores.
- **Integrar planejamento, produção e vendas/distribuição/marketing:** quando as ações de produção e de vendas/distribuição/marketing ocorrem de forma isolada, sem planejamento, acabam acontecendo rupturas de abastecimento ao cliente e/ou sobra de produção.

- Planejamento: envolve a confecção de fichas técnicas e o levantamento de todas as matérias-primas e embalagens. Tendo como base os cardápios programados, nessa etapa deve ocorrer o planejamento de materiais a serem adquiridos com certa antecedência, considerando quantidade e custo (e sem negligenciar a qualidade).
- Produção: o responsável por esta área deve produzir a quantidade de alimentos que foi planejada para venda ou distribuição.
- Vendas/distribuição/marketing: a informação sobre a venda ou distribuição deve ser compartilhada com a produção, e a demanda deve ser planejada em conjunto.

- **Fazer render o recurso material:** quando realizamos uma gestão de custo utilizando fichas técnicas (e com uma revisão constante delas), quando negociamos melhor nossas compras, quando escolhemos melhor nossos fornecedores, quando identificamos e selecionamos as matérias-primas mais adequadas e as manipulamos de forma eficiente e quando fazemos a integração entre produção, vendas e compras, estamos criando os melhores ingredientes da receita para obter o melhor rendimento dos insumos.

CASO 3 – CONTROLES E INTEGRAÇÃO NA GESTÃO OPERACIONAL

Estabelecimento
Restaurante *self-service* por quilo, localizado na cidade de São Paulo.

Cenário encontrado
O restaurante tinha uma boa receita, mas vinha em declínio, com perda de clientes e aumento dos custos. O objetivo da consultoria era reduzir os desperdícios.

Durante a análise, foram identificados vários aspectos relacionados aos custos e à insatisfação dos clientes, conforme a seguir.

- Falta de padronização do café que era servido (às vezes se comprava o pó tradicional e, outras vezes, o extraforte). Ou seja, não existia especificação de pó de café, e também não havia ficha técnica. Os dois tipos de pó apresentam rendimentos diferentes, mas a colaboradora desconhecia essa diferença e sempre utilizava a mesma quantidade de água para o cafezinho dos clientes. A bebida feita com o pó extraforte ficava mais forte, e a preparada com o tradicional ficava mais fraca (ou seja, havia a necessidade de mais pó para a mesma quantidade de água).
- Confiança exacerbada no açougueiro que cortava as carnes (havia vários problemas na gramatura dos cortes).
- Erros grosseiros no recebimento de mercadorias.

Encaminhamento e soluções
- Padronização do café. Foi definido o pó extraforte, que passou a ser o comprado sempre, e se padronizou a quantidade de água. Para isso, foi feita marcação do nível de água no tubo de vidro indicador desse líquido na cafeteira. E, claro, foi criada a ficha técnica do produto café, refletindo essas definições.
- Controle de rendimento da carne. Com base nas necessidades detectadas de monitorar as gramagens das carnes e de levantar o custo real de quilo das carnes, foi implantado o monitoramento do degelo e das perdas. Também se implementou o controle de gramagem de cada porção – com isso, os bifes passaram a ser pesados um por um, e não mais por média de "montinhos" de 10 bifes.

- Treinamento quanto ao recebimento de mercadoria. O colaborador responsável pela tarefa foi treinado para conferir as mercadorias, pesando, contando e verificando qualidade e especificações delas.

Resultados

Com as correções efetuadas, foi possível estabelecer métodos de planejamento de compras e de vendas, melhores rotinas de abastecimento e controle de rendimento da produção de cortes de carnes (esta atividade passou a ter um índice de rendimento a ser atingido como meta). O restaurante teve uma significativa melhora nos resultados.

ESPECIFICAÇÃO DE MATÉRIA-PRIMA

Quando nos referimos à especificação de matéria-prima, queremos falar sobre criar um conjunto de exigências para determinado produto ou serviço. Uma vez realizada essa ação, qualquer produto ou serviço diferente daquele que foi definido será entendido como fora da especificação.

Sempre ressaltamos que, quando especificamos matérias-primas, estamos objetivando redução de custos sem alteração na qualidade, ganhos na gestão operacional e, o mais importante, padronização do produto que será destinado ao cliente, porque melhoramos também a qualidade do processo de recebimento de mercadorias.

Alves (2018) afirma que, entre os vários significados de especificar, existe um ao qual devemos dar atenção especial, pois cabe muito bem para nós, profissionais de alimentação que devemos caracterizar nossos produtos: "dar direcionamento". Uma especificação funcional seria, portanto, a definição dos produtos com base na função desempenhada.

O autor ainda reforça que esse direcionamento é escolher, entre as opções, a que melhor atende em termos de qualidade e custo. Após essa definição, e com a avaliação do rendimento, guiamos as próximas áreas da cadeia: o modo como elas devem proceder com essa especificação, ou seja, como os setores de compras, recebimento, estoque e produção devem desempenhar suas funções.

Assim, a especificação de matérias-primas acaba envolvendo alguns objetivos:

- devemos conhecer todas as opções que o mercado pode oferecer, a fim de identificar a melhor matéria-prima para a nossa real necessidade;
- conhecendo a real necessidade para a melhor utilização, conseguimos obter o custo previsto de cada matéria-prima e, consequentemente, o do produto final, lembrando que tudo isso é facilitado pela ficha técnica;
- com a padronização das matérias-primas, temos a padronização do produto final, aspecto que é muito valorizado pelo cliente final;
- havendo essa padronização, conseguimos uma melhor negociação de preços no momento de comprar mais produtos e, consequentemente, padronização de custo;
- a padronização também torna o recebimento mais fácil de ser realizado e evita erros de conferência quanto ao padrão e à qualidade.

Portanto, para toda matéria-prima utilizada – ou, pelo menos, para as mais importantes –, é necessário haver uma ficha de especificação, na qual haja as seguintes informações:

- nome do produto com sua descrição resumida;
- utilização, informando em qual item do cardápio o produto é utilizado;
- unidade de compra (a ser utilizada pelo responsável pelas compras ao fazer uma negociação);
- unidade de estoque (que pode ser diferente da unidade de compra e é controlada pelo setor de estoque);
- descrição detalhada, com todas as informações mais técnicas, bem como características, embalagens utilizadas, etc.
- marcas aprovadas, para que o responsável pelas compras possa conhecer as exigências necessárias no momento da negociação.

FICHA DE ESPECIFICAÇÃO	
Nome do produto	ARROZ AGULHINHA
Utilização	ARROZ PARA O BUFFET
Unidade de compra	FARDO
Unidade de estoque	PACOTE DE 5 KG
Descrição detalhada	ARROZ AGULHINHA TIPO 1, FARDO COM 6 PACOTES COM 5 KG
Marcas aprovadas	A, B OU C

Figura 2.1 | Modelo de ficha de especificação de matéria-prima para restaurante por quilo.

Com a ficha de especificação, podemos garantir a padronização dos produtos a serem recebidos, bem como facilitar a integração das frentes envolvidas no processo produtivo, possibilitando que o produto final possa ser oferecido com qualidade e na data correta ao cliente.

CASO 4 – O CAMARÃO CERTO

Estabelecimento
Restaurante *self-service* por quilo, localizado na cidade de São Paulo.

Cenário encontrado
O restaurante estava reformulando seu cardápio. Um dos produtos em questão era o risoto de camarão, servido apenas às sextas-feiras para atrair mais clientes nesse dia da semana, em que a concorrência com outros negócios de alimentação era mais acirrada. Mas o prato não agradava aos clientes: eles reclamavam que era "difícil pescar algum camarão no risoto" – uma situação que acabava indo contra a estratégia de tentar atrair mais consumidores.

Ao fazermos a análise das fichas de cada produto, verificamos que o estabelecimento comprava camarão 71/90[1] ao preço de R$ 63,22/kg. Esse tipo de camarão pode ser considerado pequeno.

Encaminhamento e soluções
Foram solicitadas amostras de outros tamanhos de camarão, para que fosse possível avaliar se o risoto apresentaria melhora de qualidade, mas havia a preocupação com o aumento do custo decorrente da compra de camarões maiores. Então partimos para a análise do degelo (ou seja, quanto se perde após o descongelamento), da limpeza e do custo final de cada tamanho de camarão. Chegamos à conclusão de que, se o proprietário fechasse o preço com um novo fornecedor, poderia utilizar camarão 36/40[2] pagando R$ 62,00/kg.

Resultados
Redução de custo, pela abertura de negociação com um novo fornecedor, e obtenção de uma matéria-prima melhor, o que permitiu atingir o objetivo de agradar aos clientes do restaurante.

---

[1] Esse tipo quer dizer que, para cada libra (450 g), sempre deve haver de 71 a 90 camarões sem cabeça ou descascados.
[2] Conforme essa classificação, para cada libra (450 g) sempre deve haver de 36 a 40 camarões sem cabeça ou descascados. Isso quer dizer que estamos falando de camarões maiores que os de classificação 71/90.

HORTIFRÚTI

Quando falamos de hortifrúti – ou FLV (frutas, legumes e verduras), como alguns conhecem –, é preciso esclarecer dúvidas bastante comuns sobre a classificação de frutas, legumes e verduras.

Inicialmente, é preciso entender que todos esses produtos são considerados hortaliças, pois são produtos dos quais consumimos uma ou mais partes em sua forma natural.

Existe uma gama enorme de espécies de hortaliças, e por essa razão se criaram categorias que pudessem facilitar a classificação delas. Com isso, nasceu a divisão em frutas, verduras e legumes, que podem ser resumidas conforme a seguir.

- **Frutas:** são as hortaliças das quais aproveitamos os frutos doces ou cítricos – por exemplo, laranja, melancia, banana, uva. Tecnicamente, frutas são legumes, porém com seus frutos doces.
- **Legumes:** referem-se às hortaliças das quais utilizamos os frutos ou as sementes; os frutos normalmente são salgados (ou, pelo menos, não são doces). Por exemplo: chuchu, abóbora, berinjela. Também podemos considerar legumes as hortaliças das quais aproveitamos as partes que ficam sob o solo, como batata, cenoura, alho, cebola, entre outras.
- **Verduras:** são as hortaliças cujos talos, folhas e flores aproveitamos, como alface, rúcula, couve-flor, aspargo. Podemos complementar que são as hortaliças das quais utilizamos as partes que se encontram acima do solo.

Vale ressaltar que essa divisão, embora bastante difundida, não é a mais técnica. Como curiosidade, podemos pensar que, analisando tecnicamente, sendo o fruto o ovário de uma planta em seu estágio amadurecido, em que ficam as sementes, o tomate, a abobrinha e o pimentão seriam frutas, e o morango, o abacaxi e a maçã não seriam frutas.

Os produtos de hortifrúti são utilizados em vários negócios voltados à alimentação; são importantes na composição de várias fichas técnicas de produtos. Eles estão presentes em todas as saladas, em temperos, em guarnições, em sobremesas e em bebidas, podendo representar em média 30% a 40% do custo da mercadoria vendida (CMV).

Em razão das muitas opções existentes, é preciso definir e especificar esses itens de acordo com a real necessidade do negócio de A&B.

Variedade e classificação

Alves (2018) cita o exemplo da laranja, o fruto mais consumido no Brasil, que pode apresentar as variedades bahia, pera rio, pera natal, valência, charmute, folha murcha e lima, sem falar das laranjas importadas. Como se não bastassem essas variedades, para cada variedade existem as classificações.

Por exemplo, no caso da laranja-pera, é possível escolher as classificações encontradas no mercado, que seriam tipo A, tipo B ou tipo C (as quais basicamente se referem ao tamanho e/ou às quantidades encontradas em uma caixa do produto).

Portanto, ao fazer a especificação de um produto de hortifrúti, temos de considerar esses dois fatores: variedade e classificação.

Variedade se refere ao tipo do produto. Por exemplo, abacaxi (havaí, pérola); abacate (fortuna, avocado, margarida, quintal, geada); banana (nanica, prata, maçã, terra, ouro); abóbora (japonesa, moranga, paulista, seca); pimentão (amarelo, verde, vermelho); alface (americana, crespa, lisa, mimosa, romana) e por aí segue. Assim, uma variedade poderá nos atender ou não, uma variedade poderá nos atender melhor que outra, e por isso não é perda de tempo analisar com muito cuidado, entre as opções oferecidas, a que melhor pode nos atender em termos de qualidade e custo para o produto final. Portanto, conhecer a variedade do produto correto pode aumentar a lucratividade do empreendimento.

A variedade de produtos de hortifrúti é enorme, seja em tamanho, cor, aroma ou sabor. Constantemente encontramos novos produtos no mercado, importados ou desenvolvidos por pesquisas.

Classificação se refere à separação do produto efetuada em lotes visualmente homogêneos e em que sua descrição é feita com base em características mensuráveis. Ou, ainda, para simplificar, podemos dizer que a classificação se dá por meio de critérios como tamanho ou peso do produto.

Por exemplo, no caso do abacaxi pérola, a classificação é realizada pelo peso da unidade:

- **tipo graúdo:** em média, 1,8 kg;
- **tipo médio:** aproximadamente, 1,4 kg;
- **tipo miúdo:** em média, 1 kg.

No caso da laranja-pera, a classificação se dá pelo diâmetro – e, assim, pela quantidade que cabe em uma caixa de 25 kg:

- **tipo A:** de 9 a 12 dúzias;
- **tipo B:** de 13 a 15 dúzias;
- **tipo C:** de 16 a 21 dúzias.

O limão taiti também é classificado pelo diâmetro (consequentemente, pela quantidade que cabe em uma caixa):

- **tipo A:** de 15 a 18 dúzias;
- **tipo B:** de 21 a 27 dúzias;
- **tipo C:** acima de 31 dúzias.

Já a berinjela comum é classificada pelo comprimento:

- **tipo 1A:** até 20 cm;
- **tipo 2A:** entre 20 cm e 25 cm;
- **tipo 3A:** maior que 25 cm.

Os preços são definidos conforme variedade e classificação. Portanto, conhecer e especificar o produto de hortifrúti corretamente, identificando a real necessidade do empreendimento e a utilização do item no produto final, são importantes fatores para conhecer o melhor custo-benefício e propiciar aumento de lucratividade.

As fotos 2.1a a 2.1c exemplificam a classificação de abacaxi pérola.

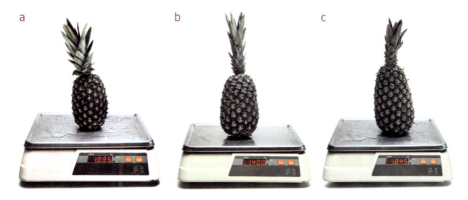

Fotos 2.1a a 2.1c | À esquerda, abacaxi pérola pequeno (1,035 kg); no centro, médio (1,400 kg); à direita, graúdo (1,845 kg).

O exemplo do abacaxi

Os produtos de hortifrúti são vendidos e entregues sem rótulo, sem informação quanto a valor nutricional e validade, porém, como dito anteriormente, podem representar mais de 30% do CMV de um negócio voltado à alimentação. Com a tendência de crescimento do consumo de alimentação natural, esse percentual pode se elevar.

Como o custo operacional pode ser reduzido de maneira expressiva quando há uma correta especificação dos produtos, é necessário fazer essa organização da maneira mais clara possível, pois vimos que tomate não é apenas tomate e que abacaxi não é somente abacaxi.

Como exemplo, o quadro 2.1 apresenta dados da cotação do abacaxi com base nas informações da Companhia de Entrepostos e Armazéns Gerais de São Paulo (Ceagesp).

Quadro 2.1 | Exemplo de cotação do abacaxi.

Produto	Classificação	Unid. peso	Menor	Comum	Maior	Kg	Forma	Cor
Abacaxi havaí	A graúdo	UND	R$ 4,05	R$ 4,52	R$ 5,00	2,2	Cilíndrico	Amarelo
Abacaxi havaí	B médio	UND	R$ 3,06	R$ 3,54	R$ 4,01	1,8	Cilíndrico	Amarelo
Abacaxi havaí	C miúdo	UND	R$ 2,45	R$ 2,74	R$ 3,03	1,4	Cilíndrico	Amarelo
Abacaxi pérola	A graúdo	UND	R$ 4,11	R$ 4,50	R$ 4,89	1,8	Cônico	Branco pérola
Abacaxi pérola	B médio	UND	R$ 3,21	R$ 3,54	R$ 3,93	1,4	Cônico	Branco pérola
Abacaxi pérola	C miúdo	UND	R$ 2,60	R$ 2,83	R$ 3,04	1	Cônico	Branco pérola

Fonte: adaptado de Ceagesp.

A coluna "Produto" indica o nome do produto e a variedade. Neste exemplo, o abacaxi pode ser das variedades havaí ou pérola.

A coluna "Classificação" informa o tamanho do item: A para abacaxi (havaí ou pérola) graúdo, B para abacaxi médio e C para abacaxi miúdo.

A coluna "Und/peso" se refere à unidade de medida pela qual o produto é comercializado. Neste exemplo, é por unidade.

A coluna "Menor" informa o menor preço encontrado na data da cotação. A coluna "Comum" representa o preço mais comum. A coluna "Maior" indica o maior preço encontrado na data em questão.

Na coluna "Kg", há referência de peso de cada variedade de produto conforme sua classificação.

A coluna "Forma" se refere ao formato da fruta, e a coluna "Cor" indica a cor do fruto do abacaxi.

Com base nesses elementos, a especificação completa de um abacaxi deve seguir este modelo: "Abacaxi pérola médio peso médio 1,4 kg".

Observando detalhadamente o quadro 2.1, podemos constatar que os preços variam conforme a variedade e a classificação.

É por essa razão que a falta de especificação do produto e de treinamento no recebimento gera prejuízos em quantidade e em valor, conforme mostra o quadro 2.2

Quadro 2.2 | Exemplo de prejuízo causado por falta de especificação e erro no recebimento: neste caso, de 22,22% (em relação ao peso) e de 21,33% (no valor pago).

	Produto	Quantidade	Peso médio da unidade	Valor por unidade (preço comum)	Peso médio total	Diferenças de valores
Pedido ao fornecedor	Abacaxi pérola grande	15 unidades	1,8 kg	R$ 4,50	27 kg	Valor total pago: R$ 67,50
Pedido recebido	Abacaxi pérola médio	15 unidades	1,4 kg	R$ 3,54	21 kg	Valor da mercadoria recebida: R$ 53,10
				Prejuízo em peso: 6 kg (22,2%)	Prejuízo em valor: R$ 14,40 (21,33%)	

O exemplo do maracujá

Quais são os melhores maracujás para suco e para outros usos? Maracujá doce ou azedo? Grande e bonito ou murcho? Para suco, a variedade mais indicada é o chamado maracujá azedo. A variedade doce (de formato oblongo e sementes muito doces) é mais recomendada para consumo na sua forma original.

Primeiro vamos entender o que ocorre com a casca do maracujá.

A umidade da casca migra para a parte interna da fruta, fazendo a casca murchar e a polpa aumentar. Cada dia que passa, a casca vai perdendo peso e a polpa vai aumentando e ficando mais doce, pois o maracujá está amadurecendo.

A mesma fruta (maracujá azedo) em determinada data é classificada como super e, após alguns dias, é classificada como 3A. Quando fica ainda mais murcha, a classificação passa a ser 1A e maracujá azedo murcho de saco (como é conhecido quando vem embalado em saco de ráfia).

Em várias comparações realizadas entre um maracujá super e um maracujá murcho, o rendimento do murcho se mostra muito maior, com percentual menor de casca e maior de polpa.

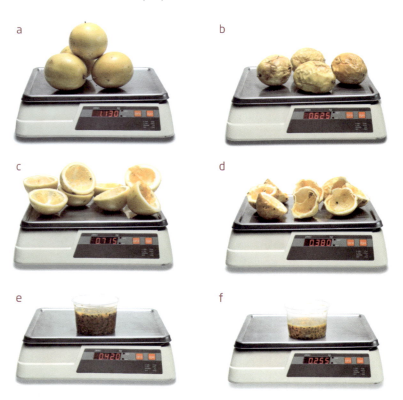

Fotos 2.2a a 2.2f | Comparações entre maracujá super (à esquerda) e murcho (à direita): na primeira linha, peso do produto inteiro; na segunda, peso das cascas; na terceira linha, peso da polpa obtida.

Os resultados das comparações mostradas nas fotos 2.2a a 2.2f são apresentados no quadro 2.3.

Quadro 2.3 | Maracujá super × maracujá murcho: rendimento de polpa.

Classificação do maracujá	Peso da fruta inteira *in natura*	Peso da casca	Peso da polpa*	% de polpa equivalente ao peso avaliado
Super	1.130 g	715 g	415 g	36,73%
Murcho 1A	625 g	380 g	250 g	40%

* Pote plástico: 5 g.

Analisando os dados do quadro 2.3, podemos concluir que, ao comparar a mesma quantidade de maracujá, temos os seguintes rendimentos:

- 1 kg de maracujá super teria 32,50% de polpa;
- 1 kg de maracujá murcho teria 64% de polpa.

Assim, o maracujá murcho rende 31,50% mais que o super.

Agora vamos incluir, na análise, o fator preço. Analisando os preços de compra, podemos constatar as diferenças que existem entre o preço de um maracujá liso classificado como super e o de um murcho (1A).

Quadro 2.4 | Maracujá super × maracujá murcho: diferença de preço.

Produto	Classificação	Unidade	Preço médio do kg	Diferença
Maracujá azedo	Super	Kg	R$ 4,66	-23,82%
Maracujá azedo	Murcho 1A	Kg	R$ 3,55	

Portanto, como a função principal do maracujá nesse exemplo é o preparo de suco, a melhor especificação é o mais murcho, pois essa compra representa a aquisição de mais polpa e menos casca, com preço do quilo muito menor. Há ganho no rendimento e no custo.

CASO 5 – O TAMANHO DA LARANJA

Estabelecimento
Rede de hamburgueria, com unidades em várias cidades do Brasil.

Cenário encontrado
A rede de hamburgueria tinha como um de seus principais produtos de hortifrúti a laranja, em razão do número de sucos que vendia. O consumo mensal dessa fruta chegava a 8 toneladas. Mas, mesmo utilizando a laranja-pera, que é a melhor variedade para suco, o prejuízo era grande.

A título de curiosidade, a laranja bahia, muito usada ainda em vários negócios de alimentação que produzem suco, não é a variedade mais indicada para esse produto final, pois acaba sedimentando após um tempo, deixando o copo de suco com duas divisões: na metade superior do copo, uma coloração muito clara; na metade inferior, coloração mais escura, prejudicando o aspecto e fazendo com que alguns clientes inclusive exijam a troca do suco.

No caso da rede de hamburgueria em questão, mesmo a variedade sendo correta (laranja-pera), constatamos que a especificação da laranja não era bem definida. O que foi informado é que "tinha que ser grande". Verificamos que a laranja que era entregue era do tipo A, a grande.

Esse tamanho maior da fruta gerava um problema: a castanha do espremedor (ou seja, a peça do extrator do suco) era menor que a laranja comprada, o que provocava desperdício.

Encaminhamento e soluções
Realizamos testes com o tamanho B e percebemos que o desperdício era bem menor. Isso porque o diâmetro da laranja cortada deve ser menor que o da castanha, para extrair o máximo de suco quando a extratora está em movimento. Assim, chegamos à conclusão de que o tamanho B era o ideal considerando a castanha utilizada nos espremedores da rede.

O conhecimento da classificação e dos tipos da laranja-pera foi fundamental para que chegássemos a essa conclusão. Vale lembrar que essa fruta é classificada conforme a quantidade acondicionada em caixa de madeira. Se uma caixa é do tipo 13, por exemplo, significa que dentro dela cabem 13 dúzias de laranja. Se a laranja for do tipo 14, a caixa terá 14 dúzias, e assim por diante. Como visto antes: tipo A, de 9 a 12 dúzias por caixa; tipo B, de 13 a 15 dúzias por caixa; tipo C, de 16 a 21 dúzias por caixa.

As fotos a seguir, que mostram a especificação de uma laranja-pera, comprovam a importância de definirmos corretamente nossa real necessidade para efetuar a melhor compra. As fotos apresentam a laranja-pera tipo 9 (que é grande, tem casca grossa e fornece menos suco) e laranjas-pera rio tipo 13 e tipo 14 (mais recomendados para extração de suco; o termo "rio" indica que a casca é mais fina).

Para uso em máquinas extratoras de suco automáticas, os tipos mais adequados são 13, 14 e até 15. No caso da rede de hamburgueria, o ideal era o tipo 14. Na falta de oferta (sazonalidade), poderia ser utilizado o tipo 13.

Especificação de laranja-pera. À esquerda, a fruta T9, com 205 g (fruta grande, com casca grossa, fornecedora de menos suco). No centro, laranja-pera rio T13, com 165 g. À direita, laranja-pera rio T14, com 145 g.

Resultados

Redução no valor pago pelas laranjas-pera (o valor pago pelo tamanho A era 13% maior que o relativo ao tamanho B). Redução também do desperdício em razão do uso de um tamanho de laranja mais adequado à máquina extratora, o gerou uma economia mensal de mais de R$ 2.000,00 – lembrando que estamos falando apenas de um produto da rede de hamburgueria, a laranja.

Produtos higienizados e processados

O mercado de itens de hortifrúti higienizados e processados vem crescendo bastante nos últimos anos, em razão da praticidade que representam.

Também é preciso considerar mudanças no mercado alimentício. Alves (2018) afirma que os estabelecimentos iniciaram um processo de redução do tamanho das cozinhas, dando lugar cada vez mais a mesas e cadeiras para ampliar o número de clientes atendidos. As cozinhas menores fizeram aumentar a demanda por matérias-primas que precisem ser apenas minimamente manipuladas.

Quando falamos de alimentação, temos sempre de considerar a segurança. Se tomamos cuidado em nossas casas com esse aspecto, também temos de estender essa preocupação aos negócios. A higienização de hortifrúti é essencial para prevenir a contaminação dos alimentos prontos, pois normalmente esse tipo de produto chega aos negócios de alimentação com grande quantidade de resíduos orgânicos de seus lugares de plantio ou de onde são vendidos. Ao medirmos a carga microbiana, podemos encontrar vários problemas que devem ser resolvidos antes de os produtos seguirem para uma nova fase, como a de preparo.

Para facilitar o entendimento sobre produtos higienizados e processados, vamos considerar as definições de Alves (2018), a seguir.

Produtos higienizados

São aqueles que já recebemos embalados e prontos para uso. Normalmente, são lavados e higienizados por processos químicos via turbilhonamento e acondicionados em uma embalagem específica, com uma atmosfera interna modificada para assegurar a qualidade. Em tese, basta apenas abrir a embalagem e utilizar o item. Dizemos em tese porque, para termos 100% de garantia da confiabilidade da origem e do processo do produto, precisamos conhecer muito bem o fornecedor.

Produtos processados

Basicamente, são os produtos que já encontramos higienizados e cortados ou picados. Os legumes e verduras são os mais procurados em negócios de alimentação, e as frutas estão ainda ocupando seu lugar, seja em supermercados, mercado de *food service* e indústrias alimentícias. Existem várias ofertas de cortes desses produtos, que podem vir fatiados, ralados, em anéis, em cubos, em pétalas, em tiras, entre outras apresentações.

Os benefícios da utilização dos produtos higienizados e processados são vários:

- maior aproveitamento, pois eles são selecionados;
- padronização, na medida em que o processamento é feito em máquinas e por funcionários treinados;
- redução da mão de obra utilizada no estabelecimento;
- redução de área de trabalho requerida (tampo e pia);
- dispensa da necessidade de alguns equipamentos e utensílios;
- economia de água, luz, sanitizantes e sacos de lixo;
- redução do espaço destinado ao armazenamento do hortifrúti (em geral, 40%);
- melhor controle de estoque, visto que a quantidade de produto higienizado e processado é equivalente à quantidade necessária;
- maior controle de custo, pois não há preocupação com perdas;
- melhor controle da operação do estabelecimento em razão do maior controle do custo.

Fotos 2.3a e 2.3b | Hortifrúti *in natura* × hortifrúti higienizado/processado (couve--manteiga, rúcula, abóbora cabotiá ou japonesa, repolho roxo, alface-crespa).

Existe a possibilidade, inclusive, de adquirir um *mix* de produtos prontos – por exemplo, todos os itens de hortifrúti utilizados em um yakisoba higienizados e picados de acordo com as especificações de corte e o tamanho do negócio.

Alguns exemplos de produtos higienizados e processados:

- cenoura, palito fino ou grosso;
- cenoura em cubo 10 (ou seja, 10 mm × 10 mm), em cubo 20 (20 mm × 20 mm) ou com outra definição do tamanho do cubo;
- chuchu em cubo 10, em cubo 20, em rodela ou em palito;
- batata com casca em meia-lua (para preparar batata rústica);
- batata inteira descascada;

- alface-crespa, folha inteira ou folha rasgada;
- couve-manteiga picada fino ou médio;
- cebola inteira em cubos ou em anéis;
- abacaxi descascado inteiro ou em rodelas;
- melão descascado inteiro ou em cubos;
- salada de fruta pronta com itens definidos: melão, laranja, uva, melancia.

Uma das desvantagens da utilização desses produtos é o preço, pois normalmente são mais altos, o que exige do gestor analisar o que se mostra mais rentável e interessante para o empreendimento. A prática tem demonstrado que, na comparação entre o antes e o depois da implantação dos processados, os resultados são mais positivos em custo, produtividade e controle de estoque.

Produtos hidropônicos e orgânicos

Além dos produtos higienizados e processados, temos ainda dois outros conceitos de hortifrúti, os quais diferem basicamente na forma como são cultivados: os produtos hidropônicos e os orgânicos.

Os hidropônicos são aqueles produzidos por meio de uma técnica japonesa que não se utiliza da terra para o cultivo. Os produtos são cultivados na água com nutrientes, o que reduz o surgimento de pragas e evita o uso de agrotóxicos.

Produtos orgânicos se referem àqueles cultivados sem a adição de agrotóxicos ou fertilizantes. Para serem considerados orgânicos, esses produtos devem receber um selo comprovando sua procedência, emitido por órgãos certificadores.

A busca por uma alimentação mais saudável fez crescer o mercado de produtos orgânicos. Muitos negócios de alimentação fazem questão de divulgar que suas matérias-primas são orgânicas, para atrair o público que valoriza esse conceito. Existem hoje negócios voltados apenas a oferecer esse tipo de produto, além, claro, da adaptação de supermercados para a comercialização de tais itens.

A desvantagem da utilização de produtos hidropônicos e orgânicos é a falta ou a muito baixa oferta de higienizados e processados.

Sazonalidade

Determinados tipos de alimentos, como os itens de hortifrúti, possuem sua época de cultivo e de colheita, de modo que nem sempre são encontrados no ano todo.

Cada produto se adapta de uma forma distinta dependendo do clima, da estação, do local onde é plantado, pois vivemos em um país de dimensões continentais e com altitudes variadas. Nossa diversidade proporciona aos produtos de hortifrúti condições diferentes de plantio, levando sempre em consideração a época do ano.

Quando temos conhecimento da sazonalidade de cada produto que utilizamos, conseguimos antecipar a qualidade que esses itens apresentarão em determinadas épocas e se os acharemos facilmente em nossos fornecedores, bem como os preços a serem pagos. Itens cultivados fora de sua sazonalidade comum podem render menos em sua produção e ser ofertados em menor quantidade, o que pode significar qualidade reduzida e preço aumentado.

Segundo Alves (2018), atualmente é possível encontrar vários produtos durante o ano todo graças à tecnologia empregada no campo, mas essa tecnologia muitas vezes envolve a utilização de fertilizantes e agrotóxicos que comprometem a qualidade do hortifrúti. Assim, o melhor é utilizar sempre frutas, verduras e legumes "da época".

Como resume Fonseca (2014), quando o empreendedor conhece a sazonalidade dos itens utilizados em seu negócio de alimentação, ele planeja melhor a compra, compra na época correta, obtém melhor qualidade a menor preço e garante um produto final mais adequado à exigência do cliente.

O site da Ceagesp disponibiliza uma tabela de sazonalidade[3] para consulta, que envolve diversos produtos: itens de hortifrúti, peixes, flores.

CARNES BOVINAS

Sabemos que a carne bovina está presente em vários negócios de A&B e, muitas vezes, faz parte da lista das matérias-primas mais importantes.

A falta de especificação de carne bovina traz prejuízos a todos os processos: compras, recebimento e, consequentemente, operação. O assunto é bastante técnico, e muitos compradores e cozinheiros desconhecem a importância de uma correta especificação.

---

[3] Disponível em: http://www.ceagesp.gov.br/wp-content/uploads/2015/05/produtos_epoca.pdf. Acesso em: 15 maio 2019.

Existe uma variedade grande de cortes que permitem diversas escolhas considerando sabor, preço e o modo como o corte é utilizado no cardápio.

De maneira geral, os tipos de corte são originados da parte dianteira, da parte traseira e da costela do animal. Dentro dessas divisões, podemos citar alguns:

- **da parte dianteira:** peito, pescoço, acém, cupim, músculo dianteiro, entre outros;
- **da parte traseira:** patinho, coxão duro, coxão mole, lagarto, contrafilé (contrafilé de lombo), picanha, maminha, filé-mignon, fraldinha, entre outros;
- **da costela:** dianteiro, traseiro e ponta de agulha.

As carnes da parte dianteira são mais gordurosas e apresentam mais nervos. Por esses motivos, são mais indicadas para molhos ou ensopados. As carnes da parte traseira, mais macias, são recomendadas para bifes, carne assada ou para aquele famoso churrasco.

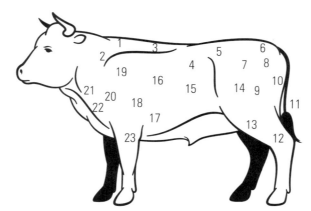

Figura 2.2 | Cortes bovinos: 1. Cupim. 2. Acém. 3. Contrafilé de costela. 4. Contrafilé de lombo. 5. Filé-mignon. 6. Picanha. 7. Miolo de alcatra. 8. Coxão duro. 9. Coxão mole. 10. Lagarto/tatu. 11. Rabo. 12. Músculo traseiro. 13. Patinho. 14. Maminha. 15. Fraldinha. 16. Costela. 17. Costela ponta de agulha. 18. Miolo de paleta. 19. Raquete. 20. Peixinho. 21. Pescoço. 22. Peito. 23. Músculo dianteiro.
Fonte: Alves (2018, p. 56).

Quando conhecemos a necessidade real da utilização da carne bovina no empreendimento e o que cada tipo de corte pode oferecer, podemos decidir o corte indicado para criar a especificação de matéria-prima quanto a esse tipo de produto.

Para identificar o que procuramos, é preciso considerar o rendimento (ver fator de correção e índice de cocção, páginas 180 e 187, respectivamente) de cada corte e, claro, o preço de cada um.

Caso o produto final seja uma carne grelhada, por exemplo, existem as opções de fazê-la com maminha, fraldinha, miolo de alcatra, contrafilé, patinho, coxão mole, entre outros cortes. Mas qual é a melhor opção em termos de rendimento e preço considerando o perfil do negócio, o perfil do cliente e as metas a serem alcançadas? Encontramos rendimentos bem diferentes entre essas opções e preços que apresentam 30% de diferença. Ao imaginar um negócio de alimentação que tenha em sua cesta de compra a carne bovina como um de seus principais produtos, é fácil visualizar o impacto positivo que uma redução de 30% no custo final pode representar.

Um exemplo de especificação de carne bovina e de substituição de cortes

Imaginemos uma empresa de refeições coletivas e que tenha restaurantes em várias cidades do Brasil.

O gerente pode comprar carne conforme a necessidade de preparação ou comprar um tipo de corte e decidir depois a preparação. Sabemos que uma mesma preparação pode ser feita com diversos tipos de cortes – desde que, claro, sejam respeitados as características de cada corte e o perfil dos clientes. Nesse aspecto, é importante a habilidade dos cozinheiros de fazer o corte correto, observando as fibras e as texturas. O músculo é um exemplo, pois a maciez pode mudar conforme o tipo (traseiro ou dianteiro).

Antes de o gerente decidir o corte a ser comprado, é preciso responder a estas perguntas:

- O que vai ser preparado?
- Qual é o CMV estimado?
- Quem é o público-alvo?

Nos cardápios dos restaurantes dessa empresa que estamos imaginando, aparecem as preparações listadas a seguir, mas não os cortes utilizados:

- bife ao molho argentino;
- cubos de carne acebolados;

- picadinho à primavera;
- iscas de carne ao molho cigano;
- carne assada com molho roti.

Em geral, esses pratos são feitos com cortes mais tradicionais, como patinho, coxão mole, miolo de alcatra. Mas, ao olhar a figura 2.2, não seria possível identificar um corte com um custo menor? O quadro 2.1 apresenta exemplos de cortes e possibilidades de substituição.

Quadro 2.5 | Exemplos de substituição de cortes.

Cortes tradicionais	Preparações	Cortes alternativos sugeridos
Patinho	Carne moída	Miolo de acém
Patinho	Bife grelhado	Pacu ou bife do vazio*
Coxão mole com capa	Bife grelhado	Capa do coxão mole (escalopes)
Coxão mole com capa	Bife grelhado	Pera do coxão mole (escalopes)**
Coxão duro	Assados	Capa do coxão mole com recheio (enrolado)
Coxão duro	Picadinho	Miolo de acém
Acém com peito	Picadinho	Miolo de acém

* É um corte do vazio que fica abaixo da costela. Também é chamado de *bife de vacio* (em espanhol), *bavette de flanchet* (em francês) e *flank steak* (em inglês).
** Parte do coxão mole.

A utilização de cortes alternativos é capaz de trazer aumento de lucro expressivo para um negócio de alimentação. Mas, além de realizar testes para avaliar rendimento e custo-benefício, é fundamental promover treinamentos, tanto para a equipe saber potencializar o melhor de cada corte como para o desenvolvimento de novos molhos e pratos.

CASO 6 – ESPECIFICAÇÃO DE FILÉ-MIGNON

Estabelecimento
Restaurante de rede hoteleira, localizado na cidade de São Paulo.

Cenário encontrado
Acompanhando o recebimento de carnes no restaurante do hotel, perguntamos ao responsável por esse processo se havia especificação no pedido de filé-mignon sem cordão. A resposta veio do *chef*, que estava próximo. Ele disse que sim; que a especificação era filé-mignon 4/5 libras.[4]

Ao abrir a caixa de carne, percebemos que as peças estavam muito finas e pareciam variar bastante de peso. Todas as peças foram pesadas individualmente, e ao fazermos isso três classificações foram encontradas. Mais de 50% das peças era de 2/3 libras, e apenas 1 peça era de 4/5 libras.

Encaminhamento e soluções
Em conversa com o *chef* sobre se as carnes seriam devolvidas ou não, se serviam ou não serviam, foi decidido que o preço da carne seria renegociado conforme a especificação que estava sendo entregue. Além disso, o prato precisaria ser alterado, pois as peças de filé-mignon eram muito finas para os medalhões que o *chef* pretendia preparar.

A área de compras foi orientada a revisar o cadastro do produto (ver página 101) após especificação e a realizar o treinamento de recebimento.

Resultados
Padronização no recebimento da carne, para evitar prejuízos (pois o filé-mignon sem cordão 4/5 é considerado tipo exportação, com preço mais elevado que o 2/3).

---

[4] As peças de filé-mignon, assim como o camarão visto anteriormente, são classificadas em libras (1 lb = 450 g). Filé-mignon sem cordão 2/3 libras quer dizer que o peso da peça pode variar de 2 lb a 3 lb (ou de 900 g a 1.350 kg). São peças finas, indicadas para iscas e cubos. Já filé-mignon sem cordão 3/4 libras refere-se à peça com peso entre 1.350 kg e 1.800 kg. É a especificação mais usada. Por fim, filé-mignon sem cordão 4/5 libras é um produto especial; são peças grandes, com peso de 1.800 kg a 2.250 kg. Vale ressaltar que as demais carnes bovinas não têm classificação por libra.

CASO 7 – PADRONIZAÇÃO DE CARNES MATURADAS

Estabelecimento
Rede de restaurantes especializada em carnes, com unidades em algumas capitais do Brasil.

Cenário encontrado
O trabalho a ser feito se resumia a preparar as fichas técnicas de cortes de carne. Os cortes eram todos maturados, da raça angus, porém não existia um padrão de período de maturação.

No estoque, havia carnes com diferentes prazos de maturação, influenciando a maciez do produto. Coincidentemente, a principal reclamação vinda dos clientes consistia na variação da maciez das carnes grelhadas que eram servidas.

Encaminhamento e soluções
Em parceria com o *chef*, estabelecemos uma padronização dos dias de maturação e um melhor controle do estoque das carnes, para que não houvesse evolução de maturação nas câmaras de armazenamento, o que poderia prejudicar a maciez do produto a ser servido ao cliente. Com base nessa padronização, foi aplicado treinamento de recebimento de carnes, para que fosse conferida a nova especificação de maturação.

Resultados
Fim da variação da maciez e da qualidade do produto servido no restaurante e, consequentemente, melhor avaliação do estabelecimento por parte de seus clientes.

AVES

Quando nos referimos às aves utilizadas em negócios de alimentação, não devemos citar apenas frango, mas, também, codorna, ganso, pato, faisão, entre outras. No entanto, o frango é o mais comum e usado nos empreendimentos.

Alves (2018) destaca os três tipos de frango usados em negócios de alimentação.

- **Galeto:** refere-se a aves com no máximo 3 meses de vida e peso aproximado de 600 g. A carne, bem macia, tem pouquíssima gordura e sabor bem leve. O galeto é utilizado geralmente grelhado, frito ou assado.
- **Comum:** indica as aves que possuem entre 3 e 7 meses e pesam mais de 1 kg. A carne apresenta mais gordura e sabor mais marcante.
- **Capão:** refere-se aos frangos que são castrados para que possam engordar mais. Assim, possuem carne bastante gordurosa e, claro, sabor bem mais acentuado.

Assim como a carne bovina apresentada anteriormente, o frango apresenta diversos cortes, diferenciados principalmente pela textura.

Figura 2.3 | Cortes de frango: 1. Asas. 2. Ponta das asas. 3. Meio das asas. 4. Coxinha das asas (drumet). 5. Peito. 6. Filé. 7. Filezinho (sassami). 8. Coxas com sobrecoxas. 9. Sobrecoxas. 10. Coxas. 11. Sambiquira. 12. Dorso. 13. Cabeça. 14. Pescoço. 15. Pés. 16. Pele/coração/fígado/moela.
Fonte: Alves (2018, p. 59).

Cada corte de frango possui textura e sabor específicos, assim cada um deles pode ser útil ou não para determinado produto final. Vale ressaltar que cada corte possui rendimentos e preços diferentes, como os das carnes bovinas.

Por exemplo, um negócio que faz tortas de frango deve utilizar, no recheio, peito de frango com osso ou comprá-lo sem osso? Resfriado ou congelado? Ou adquiri-lo já cozido e desfiado, ganhando na produtividade, com redução de espaço, mão de obra, tempo e risco de contaminação? São muitos os fatores a considerar.

CASO 8 – PEITO DE FRANGO SEM OSSO × PEITO DE FRANGO COM OSSO

Estabelecimento
Rede de restaurantes, com unidades em várias cidades do estado de São Paulo.

Cenário encontrado
Em razão do custo elevado da carne bovina, a ideia era buscar variações com o peito de frango, carne branca e bastante saudável. Mas como variar um cardápio utilizando o peito da ave, geralmente comprada e utilizada sem osso? Afinal, os clientes pedem opções de preparações diferentes.

Encaminhamento e soluções
Se todas as carnes com osso são ótimas e saborosas – como a costela bovina, a bisteca suína ou, ainda, a coxa e a sobrecoxa de frango –, por que não preparar peito de frango com osso, assado, grelhado na brasa com sal grosso?

Foram cumpridas as etapas de desenvolvimento e de testes, incluindo definição de gramagem, realização do corte, tempero, preparação, degustação, aprovação do novo prato e, finalmente, estabelecimento de fichas técnicas. Além disso, houve vários treinamentos antes da implantação, para evitar erros e não "queimar" o novo prato.

Resultados
Criação de novo prato no cardápio, com excelente sabor e economia expressiva.

SUÍNOS

Muitas pessoas que gostam de carne apreciam a carne suína. A costela de porco, o pernil e o lombo são os cortes mais conhecidos, além, claro, dos utilizados em um dos pratos mais tradicionais brasileiros, a feijoada.

Associar a carne suína a algo sempre muito gorduroso é um mito que devemos quebrar, porque dois cortes suínos – o lombo e a bisteca – apresentam menos colesterol que um peito de frango sem pele.

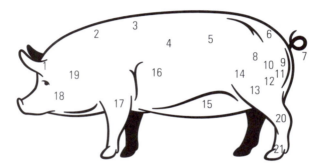

Figura 2.4 | Cortes suínos: 1. Cara com orelha. 2. Sobrepaleta. 3. Carré (bisteca). 4. Lombo. 5. Filezinho. 6. Suã. 7. Rabo. 8. Alcatra. 9. Pernil. 10. Picanha. 11. Lagarto. 12. Coxão mole. 13. Coxão duro. 14. Patinho. 15. Barriga. 16. Costela. 17. Paleta. 18. Papada. 19. Pele. 20. Joelho. 21. Pé.
Fonte: Alves (2018, p. 57).

Tudo o que falamos anteriormente quanto à preocupação com a especificação correta dos cortes bovinos e de aves é aplicado aos cortes suínos. Cada corte suíno pode atender ou não, melhor ou pior, à necessidade do negócio para a elaboração do produto final. Também vale dizer aqui que, para cada corte suíno existente, há variação do rendimento (considerando fator de correção e índice de cocção, ver páginas 180 e 187, respectivamente) e, claro, diferenciação de preços.

Muitas vezes, é possível substituir uma copa lombo[5] (corte especial que consiste na sobrepaleta sem osso) por sobrepaleta,[6] por costela (desossada ou com osso), por pernil (desossado ou com osso) ou por bisteca.

---

[5] A copa lombo, também chamada de ancho suíno, vem da parte superior do ombro da pata dianteira do animal. Bastante marmorizada, é considerada uma carne nobre.
[6] A sobrepaleta também pode ser chamada de copa lombo com osso.

Outro exemplo de como a especificação de corte suíno contribui para os resultados de um negócio de alimentação pode ser dado quando queremos preparar um escondidinho de pernil com menos gordura e de custo menor. Nesse caso, poderíamos substituir o pernil por filé-mignon suíno (corte localizado na região do lombo), que é excelente, muito fácil de desfiar, com menos gordura e de custo bastante interessante após desfiado (até 10% menos que o custo do pernil).

CAFÉ

Segundo a Associação Brasileira da Indústria do Café (Abic), aproximadamente 40% do consumo de café no país acontece fora de casa, geralmente em cafeterias especializadas e outros pontos de venda, e a expectativa é de que esse percentual continue a aumentar.

Em um negócio de A&B, também é necessário fazer a especificação da matéria-prima dessa bebida tão presente em nossos hábitos.

Pino e Vegro (2005) recomendam analisar o público-alvo do estabelecimento e o método de preparo dos cafés existentes, para decidir o produto a ser adquirido. Nesse cenário, devem ser considerados os fatores a seguir.

- Para a compra de café torrado e moído:
  - tipo de embalagem: embalagem laminada simples, com ou sem válvula, embalagem plástica tipo "almofada" e embalagem de papel;
  - tamanho da embalagem: 250 g ou 500 g;
  - intensidade da torra: café com maior intensidade, conhecido também como extraforte, ou menos intenso, conhecido como tradicional. Os brasileiros apreciam mais os de torra mais intensa. Na escolha do extraforte, podemos obter mais litros de bebida em relação ao tradicional.
- Para a compra de café em grão:
  - tipo de embalagem: embalagem laminada de filme plástico aluminizado (a vácuo, com gás inerte ou com válvula) e lata;
  - moagem do café: para cada método de preparo de café existem moagens grossas, médias e finas.

Para a compra de café em grão destinado à elaboração do expresso, podem ser considerados os seguintes itens:

- **Blend de café:** basicamente, a proporção de arábica e/ou robusta. A bebida obtida do arábica apresenta aroma e sabor acentuados, e o robusta é neutro nesses quesitos. A mistura também pode se referir à proporção de cafés de origens diferentes dentro de um mesmo país ou de países diferentes.
- **Intensidade da torra:** geralmente a cor marrom mais clara revela uma torra leve, ao passo que cores mais escuras indicam que a torra foi mais intensa, na qual os grãos ficam oleosos.

Outros itens podem ser levados em consideração na escolha do café:

- marca do café;
- origem do produto;
- método de colheita;
- método de processamento na fazenda;
- certificação de produtos;
- selo de pureza da Abic;
- cafés especiais (aromatizados, descafeinados, padrão *gourmet*), café orgânico, café sustentável, etc.

É preciso levar em conta também que, para a obtenção de uma excelente bebida, não basta uma excelente matéria-prima. A máquina de extrair café deve estar em perfeita condição de funcionamento, com temperatura da água controlada, e ser operacionalizada por profissional muito bem treinado. Assim, em várias casas especializadas em café, a presença de um barista, que é o especialista em "tirar" café, é muito apreciada entre os consumidores.

No caso do expresso, o fornecedor de café pode oferecer a máquina em comodato, ou a empresa compradora poderá optar pela locação.

Para compra de café moído monodoses, há as três opções descritas a seguir.

- **Café em cápsulas:** o café se encontra moído em dose individual, e a extração é feita por pequenas máquinas. A quantidade de café moído pode variar de 5 g a 8 g, e é de extrema importância observar as compatibilidades entre a cápsula e a máquina.
- **Café em sachês:** o produto é envasado em doses únicas embaladas em papel tipo filtro, e a extração também depende de máquina. Cada sachê pesa aproximadamente 7 g.

- **Drip coffee:** o café vem em sachês com hastes flexíveis que se encaixam na borda da xícara. Para que sejam utilizados, abre-se a embalagem, retira-se o lacre e adiciona-se água quente.

As vantagens dos produtos de dose individual são padronização da quantidade de pó e de sabor, controle de estoque e custo conhecido.

BEBIDAS

Quando falamos de bebidas, principalmente as alcoólicas, também devemos incluir o conceito de especificação correta do produto que desejamos.

Tomando como exemplo uma das bebidas mais tradicionais brasileiras, a caipirinha: sabemos que a receita leva limão, açúcar, gelo e cachaça. Mas qual cachaça?

Inicialmente, temos cachaças brancas ou amarelas. Depois podemos considerar as cachaças envelhecidas em tonéis de diversas madeiras, o que consequentemente mudará seu sabor e sua especificação. Se levarmos em conta ainda as cachaças aromatizadas, aí teremos uma infinidade.

E os preços? Existem cachaças que podem custar mais de R$ 1.000,00 a garrafa e marcas com preço de R$ 30,00. A diferença pode ser bem significativa.

Se resolvermos fazer as caipirinhas com vodka – as caipiroskas –, também teremos o mesmo dilema quanto à real necessidade no momento de definir a especificação da bebida. Poderemos escolher entre vodkas nacionais ou importadas, por região, por graduação alcoólica, por matéria-prima (milho, trigo, batata, uva, etc.) e, claro, por preço. Pelo fato de a vodka ter um sabor neutro, a maioria das pessoas não consegue diferenciar a marca utilizada quando a bebida é misturada a outros ingredientes em drinque. Em relação a preços, podemos ter garrafas que custam mais de R$ 4.000,00, bem como produtos a R$ 15,00.

Sobre os vinhos, existem as divisões por uvas – por exemplo, cabernet sauvignon, carménère, malbec, merlot, pinot noir, entre outras. Também temos as classes, ou seja, se é vinho de mesa, leve, composto, licoroso, espumante. As cores também definem o tipo de vinho (tinto, branco ou rosé), além do teor de açúcar (vinho seco, suave, *demi-sec*). Enfim, as variações de vinhos são também inúmeras, e os preços também podem diferir dramaticamente.

Na relação de bebidas alcoólicas, podemos incluir ainda uísques, gins, cervejas, conhaques, saquês, tequilas, entre outras.

Entre as não alcoólicas, há uma ampla variedade de águas, refrigerantes, chás, isotônicos, e por aí segue.

Assim, é preciso ter consciência da classificação das bebidas que integrarão um negócio de alimentação, considerando o resultado esperado do produto final.

CASO 9 – CARTA DE DRINQUES

Estabelecimento
Restaurante japonês, localizado na cidade de São Paulo.

Cenário encontrado
Na etapa de implantação das fichas técnicas durante a consultoria realizada, o *barman* ficou como o responsável pela informação das matérias-primas e quantidades utilizadas nos produtos de seu setor. Na ficha técnica da caipiroska, a informação recebida foi, simplesmente, "vodka".

Ao ser questionado sobre a especificação da vodka utilizada, o *barman* respondeu que era "a vodka da casa". Verificamos que se tratava de uma marca importada cuja garrafa tinha o preço de R$ 164,29.

Perguntamos, então, se naquela caipiroska fazia alguma diferença a vodka utilizada, e ele respondeu que não, pois as frutas vermelhas e o xarope de açúcar acabavam "mascarando" o sabor.

Encaminhamento e soluções
Testamos uma vodka nacional de qualidade, muito conhecida, cuja garrafa custava R$ 28,41.

Dois copos de caipiroska de frutas vermelhas foram feitos, cada um com um tipo de vodka. Os drinques foram oferecidos a várias pessoas do restaurante avaliarem, para que verificassem alguma diferença de sabor.

À direita, caipiroska preparada com vodka quase 6 vezes mais cara que a utilizada no drinque da esquerda.

Todas concordaram que era praticamente impossível identificar a vodka com a qual o drinque tinha sido elaborado.

Testamos, então, caipiroskas de todos os outros sabores existentes. Mais uma vez, não foi percebida alteração em termos de sabor do produto final. O *barman* e o proprietário decidiram, então, substituir a bebida importada pela nacional e avaliar a reação dos clientes.

Após uma semana de drinques feitos com a nova vodka, absolutamente nenhum cliente reclamou do produto nem percebeu a alteração feita.

Veja a seguir duas capturas de tela do sistema de gestão do restaurante. A primeira é a ficha técnica de planejamento da caipiroska preparada com a bebida importada. A segunda se refere ao drinque elaborado com a vodka mais barata.

Na primeira ficha, temos uma margem de contribuição de R$ 15,37 e um CMV de 43,06%. Na segunda ficha, com a vodka nacional de excelente qualidade, a margem de contribuição é de R$ 22,17, e o CMV, de 17,90%.

FICHA TÉCNICA DE PLANEJAMENTO			FTP Nº	00001	REVISÃO:	00/2018	
Nome do produto		CAIPIROSKA DE FRUTAS VERMELHAS					
Grupo		BEBIDAS ALCOOLICAS					
Unidade de medida		UND - UNIDADE					
Rendimento		1					
Matéria-prima	Quant. líquida	UND	Valor unit.	% de rendim.	Quant. bruta	Valor total	% de particip.
VODKA IMPORTADA	0,050	L	164,29	100,00%	0,05	8,21	70,65%
AMORA CONGELADA	0,029	KG	17,80	100,00%	0,03	0,52	4,44%
MORANGO	0,029	KG	12,86	30,00%	0,10	1,24	10,69%
MIRTILO CONGELADO	0,029	KG	28,00	100,00%	0,03	0,81	6,98%
FRAMBOESA CONGELADA	0,029	KG	28,00	100,00%	0,03	0,81	6,98%
XAROPE DE AÇUCAR	0,025	L	1,18	100,00%	0,03	0,03	0,25%
Valor total da preparação				11,63			
Valor da porção				11,63			
Valor do preço de venda				27,00			
Margem de contribuição				15,37			
CMV				43,06%			
DESENVOLVIDO POR		APROVADO POR			DATA		

FICHA TÉCNICA DE PLANEJAMENTO			FTP Nº	00001		REVISÃO:	00/2018	
Nome do produto		CAIPIROSKA DE FRUTAS VERMELHAS						
Grupo		BEBIDAS ALCOOLICAS						
Unidade de medida		UND - UNIDADE						
Rendimento		1						
Matéria-prima	Quant. líquida	UND	Valor unit.	% de rendim.	Quant. bruta	Valor total	% de particip.	
VODKA NACIONAL	0,050	L	28,41	100,00%	0,05	1,42	29,39%	
AMORA CONGELADA	0,029	KG	17,80	100,00%	0,03	0,52	10,68%	
MORANGO	0,029	KG	12,86	30,00%	0,10	1,24	25,72%	
MIRTILO CONGELADO	0,029	KG	28,00	100,00%	0,03	0,81	16,80%	
FRAMBOESA CONGELADA	0,029	KG	28,00	100,00%	0,03	0,81	16,80%	
XAROPE DE ACUCAR	0,025	L	1,18	100,00%	0,03	0,03	0,61%	
Valor total da preparação				4,83				
Valor da porção				4,83				
Valor do preço de venda				27,00				
Margem de contribuição				22,17				
CMV				17,90%				
DESENVOLVIDO POR		APROVADO POR				DATA		

Comparativo de fichas técnicas de planejamento: caipiroska com vodka importada × caipiroska com vodka nacional.[7]

Resultados

Como o restaurante vendia, em média, 550 caipiroskas de frutas vermelhas por mês, a mudança na vodka gerou um aumento na margem de contribuição de R$ 3.740,00 (R$ 22,17 - R$ 15,37 × 550).

Com a soma de todas as diferenças dos sabores de caipiroskas multiplicadas pelas quantidades vendidas no mês, o restaurante aumentou sua margem de contribuição em mais de R$ 14.500,00. Isso apenas pela substituição da matéria-prima utilizada e, o mais importante, sem qualquer reclamação dos clientes.

---

[7] Note que os dados relativos aos produtos são grafados sem acento, cedilha e outros sinais dessa natureza. Essa é uma das recomendações de preenchimento desse tipo de documento ou planilha para a administração do negócio. Outra característica é o uso sempre da caixa-alta (letras maiúsculas). (Mais informações, ver capítulo 5, página 92.)

CUSTO DA MERCADORIA VENDIDA (CMV)

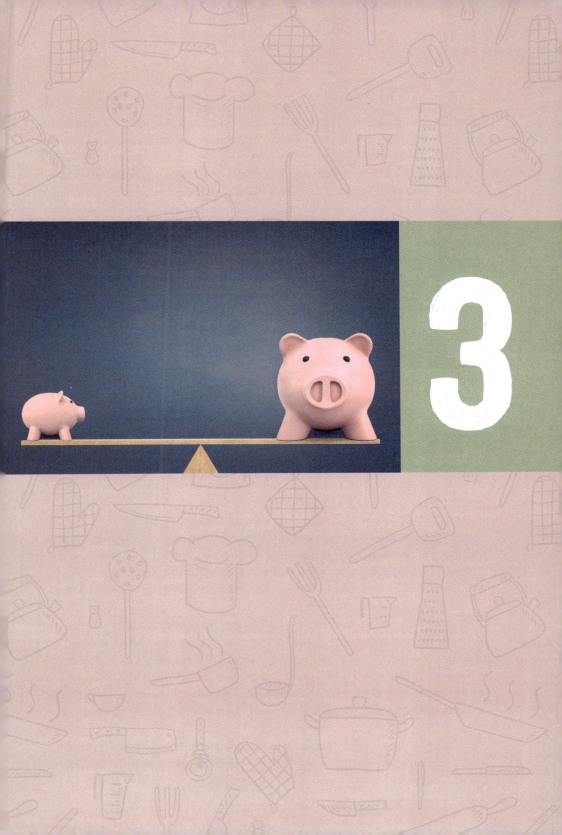

Entre os proprietários de negócios de alimentação, é comum ouvirmos: "No ano passado, faturei mais, mas com margem menor. Neste ano, faturei menos, mas a margem foi muito melhor! O que será que aconteceu?".

Para responder a essa dúvida, é fundamental entender o custo da mercadoria vendida. Em negócios de alimentação, podemos considerar que CMV é todo o custo de matéria-prima e de embalagem utilizadas na composição de um produto final (prato ou bebida) vendidos ao cliente.

Alves (2018) define o CMV como a relação direta entre os custos de aquisição das matérias-primas para fabricação do produto final para venda e o preço do produto final cobrado do consumidor. É um indicador ligado à operação e nasce no momento da criação da ficha técnica do produto final.

O CMV influencia a lucratividade do negócio, pois é também um índice importante para a composição e a decisão do preço de venda.

Se, ao final do mês, um empreendimento apresentar um CMV muito alto, isso pode significar que:

- as matérias-primas e/ou as embalagens utilizadas, descritas nas fichas técnicas dos produtos finais, estão sendo adquiridas por um preço alto;
- a produção talvez esteja desperdiçando muito durante as preparações, incluindo os drinques, que podem estar sendo elaborados com quantidades acima das descritas nas fichas técnicas;
- existe a possibilidade de estar ocorrendo desvio de mercadoria, o que inclui não conferência correta no recebimento, quebras de estoque (por exemplo, descarte de produtos vencidos) e furtos;
- pode estar havendo produção acima da necessidade e sobras de alimentos prontos fora do planejamento.

No entanto, caso o CMV esteja muito baixo, isso também não deixa de ser um problema, pois pode significar que as matérias-primas são de baixa qualidade e, por essa razão, capazes de prejudicar a qualidade do produto final. Pode também significar que o preço de venda do produto final está muito alto em relação ao praticado no mercado, o que seria um fator negativo ao aumento das vendas.

Para margem de contribuição, a definição é bem mais simples, pois consiste na diferença entre o preço de venda do produto e os custos com matéria-prima. Com a margem de contribuição, podemos identificar quanto realmente "sobra" do preço de venda cobrado quando tiramos os custos do produto. Por exemplo, um produto que é vendido a R$ 100,00 e tem um custo de mercadoria de R$ 80,00 apresentará uma margem de contribuição de R$ 20,00.

CÁLCULO DO CMV

Podemos calcular o CMV de um produto para definir seu preço de venda e, assim, sua margem de contribuição. Também podemos calcular o CMV de todas as nossas vendas, ou seja, calcular o CMV de nosso *mix* de produtos vendidos. Para realizar esse cálculo, é utilizada a ficha técnica de planejamento (ver página 76).

O CMV deve ser constantemente monitorado em um negócio de alimentação, como forma de redução de custos e de criação de estratégias para melhora da margem de contribuição.

Inicialmente, vamos aprender como calcular o CMV apenas de um produto. Para isso, vamos considerar uma rotisseria que produz hambúrgueres e que um dos produtos de venda seja o hambúrguer bovino de 140 g, cuja ficha é apresentada na figura 3.1.

FICHA TÉCNICA DE PLANEJAMENTO		FTP Nº	00001	REVISÃO:	00/2018	
Nome do produto		HAMBURGUER BOVINO DE 140 G				
Grupo		CARNES - BOVINO				
Unidade de medida		UND - UNIDADE				
Rendimento		1				

Matéria-prima	Quant. líquida	UND	Valor unit.	% de rendim.	Quant. bruta	Valor total	% de particip.
ACEM SEM PEITO RESFRIADO	0,042	KG	11,00	90,11%	0,046	0,51	29,15%
FRALDINHA RESFRIADA	0,029	KG	15,30	87,05%	0,033	0,51	29,33%
GORDURA DO PEITO RESFRIADA	0,015	KG	6,10	100,00%	0,015	0,09	5,27%
PEITO BOVINO RESFRIADO	0,055	KG	10,20	94,21%	0,058	0,59	33,95%
PAPEL SEPARADOR HAMB 15 × 15	1,000	UND	0,04	100,00%	1,000	0,04	2,30%

Valor total da preparação	1,74
Valor da porção	1,74
Valor do preço de venda	5,90
Margem de contribuição	4,16
CMV	29,49%

DESENVOLVIDO POR	APROVADO POR	DATA

Figura 3.1 | Ficha técnica de planejamento de 1 hambúrguer bovino de 140 g.
Fonte: Alves (2018).

Analisando detalhadamente a ficha, podemos ver que o CMV do hambúrguer bovino de 140 g é de 29,49%

O custo total do produto é de R$ 1,74, que consiste na soma de todos os custos de cada matéria-prima utilizada, incluindo o papel separador (na planilha, esse custo total está no campo "Valor da porção"). O preço de venda de cada hambúrguer será de R$ 5,90.

Ao considerar o valor de venda de R$ 5,90 e realizar a divisão do custo total pelo valor do preço de venda, chegamos a 0,2949, ou 29,49%. Portanto, o custo de R$ 1,74 representa 29,49% do preço de venda, que é de R$ 5,90.

Temos, então, a fórmula para cálculo do CMV individual de um produto:

> CMV = valor da porção / valor do preço de venda

Podemos entender que, quanto menor o percentual, quanto menor o CMV do produto, melhor margem de contribuição ele nos traz. Claro que, muitas vezes, o preço de venda é determinado pelo mercado e pelos concorrentes e não conseguiríamos reduzir o CMV somente aumentando o preço de venda, pois essa medida poderia reduzir a competitividade no mercado e afetar as vendas.

Para calcular o CMV total do negócio, devemos seguir as mesmas premissas apontadas anteriormente, porém com a inclusão de alguns conceitos.

Na conta anterior, o consumo consistia na soma de todos os custos com as matérias-primas e embalagens de cada produto. No cálculo do CMV total, é necessário incluir o conhecimento dos níveis do estoque inicial e do estoque final em um determinado período de tempo, além de conhecer as compras efetuadas durante esse mesmo período.

Assim, a primeira fórmula para cálculo do CMV total é referente ao conhecimento do consumo:

> Consumo = (estoque inicial + compras) - estoque final

Vamos a um exemplo. No início do mês, o estoque inicial foi avaliado em R$ 10.000,00. Durante o período de um mês, o empreendimento comprou em mercadorias e embalagens o valor de R$ 15.000,00. Ao final do mês, quando realizou o inventário (ver página 171), chegou a um valor de R$ 8.000,00.

Aplicando a fórmula de consumo, temos:

$$\text{Consumo} = (R\$\ 10.000,00 + R\$\ 15.000,00) - R\$\ 8.000,00$$

Ou seja, o consumo mensal foi de R$ 17.000,00. Vale lembrar que esse valor não é o CMV, mas o consumo.

Para o cálculo, então, do CMV, chegamos à fórmula mais completa:

$$CMV = \frac{(\text{estoque inicial} + \text{compras}) - \text{estoque final}}{\text{receita}}$$

Vamos imaginar que a venda total mensal foi de R$ 65.000,00. Assim, aplicando a fórmula:

$$CMV = \frac{(R\$\ 10.000,00 + R\$\ 15.000,00) - R\$\ 8.000,00}{R\$\ 65.000,00}$$

O CMV seria de 0,2615 ou **26,15%**.

Assim, é importante ter um bom controle e uma boa gestão dos estoques para que o cálculo do CMV seja preciso.

Ao conseguir identificar formas de reduzir os custos – seja negociando preços com os fornecedores, seja identificando melhores especificações de produtos, que gerem maiores rendimentos –, é possível aumentar as margens de contribuição.

CMV IDEAL

Existe uma pergunta que é feita constantemente pelos proprietários das empresas com as quais trabalhamos e também em sala de aula pelos alunos: "Qual é o CMV correto?". Ou, ainda, "Será que o meu negócio está indo pelo caminho certo?".

Como o CMV influi diretamente na lucratividade do empreendimento e faz parte do cálculo dos preços de venda, é importante lembrar que a redução de seu valor, muitas vezes, não pode se dar apenas pelo aumento do preço de venda, como vemos acontecer com frequência.

Um dos grandes desafios de um gestor de um empreendimento voltado à alimentação é vender pelo melhor preço, e este nem sempre significa o menor preço ou a maior margem de contribuição. Existem vários fatores que devem ser avaliados quando da formação dos preços, como quem é o cliente, quanto ele está disposto a pagar, qual é a estratégia utilizada e qual é o objetivo a atingir no mercado, entre outros.

O importante é que o preço final de um produto seja justo e permita ao negócio crescer e sobreviver no cenário de grande competitividade.

Existe um intervalo aceitável de preço, em que o cliente aceita pagar pelo valor cobrado. Esse intervalo fica entre o ponto a partir do qual o cliente acha que a qualidade e os atributos do produto ultrapassam suas expectativas, tornando-o muito caro, e o ponto a partir do qual ele passa a duvidar dos atributos e da qualidade do produto, tornando-o muito barato.

Figura 3.2 | Intervalo de aceitação de preço.

Como dito anteriormente, um CMV muito baixo pode indicar possível queda de qualidade da matéria-prima ou preço muito elevado do produto. Um CMV muito alto pode significar compras malfeitas, desperdícios, preço de compra muito acima do mercado, extravio de mercadoria, desvio no estoque, entre outros possíveis fatores.

Lembrando mais uma vez que calcular e acompanhar corretamente o CMV do empreendimento permite que se tenham mais controle e solidez com o estoque, as vendas e a lucratividade.

Fonseca (2014) afirma que os parâmetros de referência para um percentual ideal de CMV podem variar de acordo com o conceito do empreendimento, ou seja, vai depender do tipo de negócio. Um bom valor de CMV é aquele que gira entre 28% e 35%. Abaixo disso é muito bom, com as ressalvas de que já falamos, e acima pode se tornar um perigo para o empreendimento.

Quadro 3.1 | Referências de CMV.

Alimentos	Referência
20%	Baixo
De 25% a 30%	Médio
Acima de 30%	Alto
Bebidas alcoólicas	**Referência**
15%	Baixo
De 20% a 25%	Médio
Acima de 25%	Alto

Fonte: Fonseca (2014, p. 116).

O valor médio de 30% se baseia na simulação de uma estrutura de indicadores que são apresentados como ideais para um negócio de alimentação quando se deseja, por exemplo, obter em torno de 10% de lucratividade.

Quadro 3.2 | Indicadores de resultados.

Indicadores	%
Receita	100%
Impostos/taxas	10%
CMV	30%
Mão de obra	30%
Despesas variáveis (material de limpeza, manutenção, etc.)	8%
Despesas fixas (aluguéis, contas básicas, etc.)	12%
Lucratividade	**10%**

É importante apurar os CMVs de alimentos e de bebidas separadamente, pois cada um desses tipos de produto possui uma lógica de custos diferente. Por exemplo, as bebidas não alcoólicas – como os refrigerantes e as águas – possuem uma média de CMV mais alta que a das bebidas alcoólicas (FONSECA, 2014).

CONTROLE DO CMV

Calcular, analisar e gerir o CMV, como já falamos, é um dos grandes desafios de quem pretende administrar um negócio.

Também é comum ouvirmos: "Sei do resultado operacional no final do mês pela diferença entre o valor do faturamento do restaurante e o das compras feitas. Às vezes o resultado é bom, mas as compras foram menores. Se eu compro um rolo de pano descartável, o resultado já fica ruim".

Essa é muitas vezes a realidade de diversos empreendimentos voltados à alimentação que não conseguem avaliar corretamente seus resultados.

Na administração do CMV, existem alguns pontos importantes que devem ser monitorados: compra, estoque, fichas técnicas, desperdício e investimento em tecnologia.

Compra

É preciso cuidado no momento de adquirir as mercadorias. Uma compra efetuada sem critério pode ser o primeiro fator a prejudicar o resultado do CMV.

É necessário saber exatamente aquilo do que o estabelecimento está precisando, a quantidade exata, quando o produto tem de chegar e o preço que se pode pagar. Assim, faz-se necessário também conhecer os fornecedores e suas potencialidades (tanto de fornecimento como de negociação).

Quanto mais tivermos condições de planejar compras, mais facilmente será realizá-las com critério e obter melhores resultados (ver página 123).

Os restaurantes tipo *buffet* à vontade ou serviço a quilo nem sempre possuem fichas técnicas. Nessa situação, tornam-se fundamentais o planejamento antecipado do cardápio e a implantação do pré-custo (ver página 84). É preciso saber quantificar e atribuir valores, para conhecer quanto será gasto com compra de insumos desse cardápio e, também, conhecer a previsão de faturamento. Pode-se considerar fazer uma simulação de CMV.

Gestão do estoque

Administrar o estoque com critério evita comprar mercadorias desnecessariamente e influi no CMV, afinal o estoque inicial e o estoque final fazem parte da fórmula para calcular o CMV total. Além disso, afasta o risco de possíveis rupturas (faltas de mercadorias) e, consequentemente, de compras de emergências. Controlar o estoque também evita níveis altos em demasia, o que pode levar a desperdícios de mercadorias cuja validade vence.

Devemos acrescentar ao conceito da administração do estoque a realização de inventários com todos os critérios possíveis. É necessário criar mecanismos que facilitem a contagem de estoque por meio de inventários, sejam estes permanentes ou periódicos – o importante é que garantam que as quantidades contadas sejam as realmente disponíveis (ver página 171).

Fichas técnicas

É por meio das fichas técnicas que temos o conhecimento dos custos dos produtos e, consequentemente, do CMV. Assim, é com base nelas que algumas decisões são tomadas, como substituir uma matéria-prima ou reduzir a quantidade utilizada, aumentar o preço, definir metas de negociação, reavaliar especificação de matéria-prima (calculando o impacto direto no valor do CMV).

Por isso, mais uma vez ressaltamos a importância de haver ficha técnica de todos os produtos que fazem parte do cardápio ou do portfólio de venda e de serem mantidas atualizadas.

Desperdício

O desperdício é um dos fatores que mais consomem a lucratividade de um negócio de A&B. Está presente na maioria dos empreendimentos e deve ser continuamente combatido.

Uma das melhores formas de reduzir desperdícios é realizar um controle excelente das fichas técnicas. Quando são elaboradas com critério e atualizadas de acordo com a operação e a produção dos produtos finais, é mais fácil identificar o ponto em que um desperdício está ocorrendo e corrigi-lo.

Treinamentos serão sempre necessários, desde a fase de recebimento das mercadorias (ver capítulo 6, página 128) até a entrega do produto final ao cliente, passando pela armazenagem e pela produção.

Investimento em tecnologia

O mercado oferece vários *softwares* de gestão, ou sistemas de automação, os chamados ERP (de enterprise resource planning ou, traduzindo, planejamento de recursos empresariais).

Segundo Alves (2018), a utilização de um sistema ERP pode fazer com que o empreendimento otimize mais o tempo de execução de suas atividades, reduzindo os custos e aumentando a produtividade. O fluxo de informações se torna mais dinâmico, flexível e seguro com a acurácia das informações, conferindo eficiência à gestão. Esses *softwares* acabam colaborando na captação e na centralização de informações, proporcionando ao gestor uma visão mais ampla de todo o empreendimento e dos resultados obtidos.

As vantagens são várias: controle melhor dos estoques, realização de inventários com mais segurança, aquisição de mercadorias com mais critérios, administração facilitada das fichas técnicas. Além disso, o ERP calcula automaticamente o CMV de cada produto e o CMV total do negócio durante o período desejado.

CASO 10 – REDUÇÃO DE CMV, DESPERDÍCIO, FALTA DE COMUNICAÇÃO, FALTA DE GERENCIAMENTO DE PROCESSOS

Estabelecimento
Hotel de alto padrão, localizado na cidade de São Paulo.

Cenário encontrado
O objetivo da consultoria era reduzir o CMV do café da manhã, uma vez que, fazendo parte da hospedagem, a geração de faturamento é muito baixa.

Por ser um estabelecimento de alto padrão, o café da manhã é composto de diversos tipos de pão, além de frutas variadas, sucos naturais, frios fatiados e bolos.

Durante a análise, foram identificados os problemas a seguir.

- Desperdício de bebidas. Acompanhando os processos de produção, observamos uma quantidade muito grande de desperdício de bebidas, tanto as naturais como as de embalagens longa vida. Os sucos naturais eram preparados por uma equipe noturna que não recebia, por parte da equipe da manhã, informações sobre as sobras do serviço. Assim, a turma da noite trabalhava como se toda a produção fosse consumida. Também não havia monitoramento da preferência de sabores dos sucos em embalagem longa vida, de modo que eram abertas diariamente caixas de todos os sabores, independentemente de aceitação ou não.
- Grossura das fatias dos frios servidos. Além de prejudicar o resultado do CMV, a espessura não agradava aos hóspedes – eles inclusive já haviam feito sugestões para que os frios fossem servidos mais finos, pois assim ficavam mais saborosos. Mas a máquina fatiadora disponível era antiga e não mostrava a posição da lâmina para obter fatias com pesos de 15 g a 20 g cada (o que seria o ideal) e de 8 g para frios de diâmetro menor.
- Falta de padrão de fatiamento do queijo Minas. Cortava-se o produto de qualquer jeito, pois não havia instrução sobre quantas fatias uma peça deveria gerar. As fatias chegavam a pesar 60 g.
- Quebra dos pedaços de melancia durante o fatiamento. As partes quebradas acabavam sendo descartadas, e apenas as inteiras eram servidas no *buffet*.

- Desperdício de bananas-nanicas. As que apresentavam casca mais manchada e estavam um pouco mais maduras não eram disponibilizadas no *buffet*.

Encaminhamento e soluções
- Monitoramento dos sucos. Procuramos identificar as preferências dos hóspedes, a fim de criar um controle de produção dos sucos naturais que tinham maior aceitação e de disponibilizar os sucos em caixas de acordo com a saída que ocorria durante o período do café da manhã.
- Padronização do fatiamento dos frios. Foi marcada a posição da gramagem ideal na manivela que regulava a lâmina da fatiadora, para não ser necessário ficar pesando as fatias com frequência.
- Padronização no corte do queijo Minas. Uma vez que os queijos Minas têm formato redondo e pesam em média 500 g, a solução foi desenhar um queijo mostrando em quantas fatias deveria ser cortado para que cada uma atingisse 30 g, como se fosse um diagrama. O desenho com as instruções de corte foi afixado na parede.
- Redirecionamento das partes não aproveitadas da melancia. Com o treinamento, as partes quebradas passaram a ser direcionadas ao preparo de suco natural de melancia.
- Estabelecimento de um padrão sobre uso das bananas maduras. Foi realizado treinamento de como servir bananas em ponto ideal de maturação, mas de casca feia. Os colaboradores foram orientados a cortar as unidades mais maduras no sentido do comprimento, polvilharem canela com açúcar para não escurecerem e servi-las na sequência ou levá-las ao forno. Os hóspedes adoraram, e acabaram as bananas maduras.

Resultados
Redução do desperdício, redução do CMV em quase 3 pontos percentuais e aumento do lucro.

CUSTOS

4

É comum ouvir dos donos de negócios de A&B: "Não temos ficha técnica nem sabemos quanto custam os nossos pratos". Outro exemplo: "O custo do suco de laranja aumentou 30%, mas os concorrentes não subiram o preço, como vou suportar esse aumento de custo sem reajustar o preço? O que está acontecendo no meu restaurante?".

Para começar a pensar em custos, precisamos compreender que, quando lidamos com alimentos, temos de considerar que esses produtos se transformam o tempo todo durante seu processo de utilização, seguindo as leis da matemática, da química e da física. Assim, conforme os alimentos sofrem essas mudanças, podemos obter informações valiosas para medir seu desempenho (por meio do rendimento), para avaliar o custo-benefício. Quando as transformações não são acompanhadas e monitoradas, podem ocorrer sérios prejuízos aos resultados do empreendimento.

Vários donos de negócios de A&B acreditam que o custo de seus produtos é apenas o preço de face que vem informado na nota fiscal de compra desses itens, sem considerar que o custo real do produto consiste em seu valor pago mais a transformação ocorrida durante a manipulação, pois, como dito anteriormente, durante a produção pode haver perdas significativas, e essas perdas devem ser acrescidas ao custo do produto.

Realizar as medições de todos os processos do negócio requer conhecimento, metodologia, plano de trabalho, tempo e, principalmente, vontade de fazer. Muitos empreendedores que lidam com A&B medem seu resultado financeiro por meio da diferença de faturamento e compras, pois é a forma mais simples de aferir, mas neste ramo pode não ser a mais eficaz.

Braga (2017) tem uma definição interessante sobre gastos, custos e despesas: gastos são todos os desembolsos realizados para atender ao negócio. Esses gastos são custos quando se referem à produção dos pratos (incluindo a administração dessa produção) e são despesas quando se referem às atividades de venda dos produtos e à administração.

Assim, temos como exemplos de custos os gastos com compra de matéria-prima, gás, salários da equipe da cozinha, fretes da aquisição de matérias-primas, dedetização da cozinha, entre outros. Como exemplos de despesas temos salários pagos à administração, cursos para garçons ou *chef*, dedetização do empreendimento, entre outros.

É importante também lembrar que, quando nos referimos a CMV em negócios voltados a A&B, estamos falando da soma de todas as matérias-primas utilizadas na produção dos produtos finais, incluindo embalagens quando estas fizerem parte das fichas técnicas desses produtos.

Os custos de uma matéria-prima podem variar não apenas pelo preço pago por ela, mas, também, de acordo com seu fator de correção e seu índice de cocção (ver páginas 181 e 187, respectivamente), entre outros indicadores operacionais.

Uma das ferramentas fundamentais para a administração de custos é a ficha técnica, que já citamos nos capítulos anteriores. Segundo Fonseca (2014), a ficha técnica é um dos mais importantes documentos do restaurante, na medida em que registra todo o processo de elaboração dos pratos, além das matérias-primas usadas, suas quantidades e seu valor total de produção. Alves (2018) reforça que a utilização das fichas técnicas, seja para uma indústria de alimentos ou um pequeno negócio, é de extrema importância para a gestão do empreendimento, pois elas possuem as conformidades às especificações das receitas e, assim, possibilitam controle dos processos de produção e de custos, garantindo padronização e qualidade e permitindo melhor rentabilidade.

São diversas as vantagens que a utilização da ficha técnica propicia:

- conhecer os custos de produção;
- administrar o custo do produto final;
- definir metas de compras;
- auxiliar a determinação do preço de venda;
- definir as quantidades de cada matéria-prima que serão utilizadas em cada produto final, estabelecendo um padrão para todas as preparações;
- evitar possíveis desperdícios na produção;
- facilitar as compras, deixando-as mais criteriosas após projeção das vendas e cálculo das necessidades com base nas quantidades informadas nas fichas técnicas;
- padronizar os produtos finais, garantindo maior qualidade;
- facilitar o treinamento de novos colaboradores;
- realizar cálculos de valores nutricionais mais corretamente;
- desenvolver informações corretas de rotulagem.

Neste capítulo, vamos nos aprofundar nos dois tipos de ficha técnica que devem existir nos negócios de A&B: ficha técnica de planejamento (ou ficha técnica de gestão) e ficha técnica operacional.

FICHA TÉCNICA DE PLANEJAMENTO

A ficha técnica de planejamento consiste naquele modelo com foco na administração e no controle dos custos de cada produto final, bem como em seu preço de venda. Ela foi mostrada no capítulo anterior, na figura 3.1 (ver página 61), para apoiar as informações sobre CMV. A figura 4.1 retoma o exemplo do hambúrguer de carne bovina, porém se refere a uma produção de 200 unidades. Com base nesse modelo, vamos detalhar cada um dos elementos da ficha, determinantes para o estudo dos custos de um negócio de A&B.

FICHA TÉCNICA DE PLANEJAMENTO			FTP Nº	00001	REVISÃO:	00/2018
Nome do produto		HAMBURGUER BOVINO DE 140 G				
Grupo		CARNES - BOVINO				
Unidade de medida		UND - UNIDADE				
Rendimento		200				

Matéria-prima	Quant. líquida	UND	Valor unit.	% de rendim.	Quant. bruta	Valor total	% de particip.
ACEM SEM PEITO RESFRIADO	8,30	KG	11,00	90,11%	9,21	101,33	29,15%
FRALDINHA RESFRIADA	5,80	KG	15,30	87,05%	6,66	101,94	29,33%
GORDURA DO PEITO RESFRIADA	3,00	KG	6,10	100,00%	3,00	18,30	5,27%
PEITO BOVINO RESFRIADO	10,90	KG	10,20	94,21%	11,57	118,01	33,95%
PAPEL SEPARADOR HAMB 15 x 15	200,00	UND	0,04	100,00%	200,00	8,00	2,30%

Valor total da preparação	347,58
Valor da porção	1,74
Valor do preço de venda	5,90
Margem de contribuição	4,16
CMV	29,49%

DESENVOLVIDO POR	APROVADO POR	DATA

Figura 4.1 | Ficha técnica de planejamento de 200 hambúrgueres bovinos de 140 g.
Fonte: Alves (2018).

Como é possível ver na ficha, cada elemento ajuda a elucidar a composição dos custos.

- **Nome do produto ou da preparação:** refere-se ao nome do produto ou do prato.
- **Grupo:** consiste no grupo de produtos de produção ou de vendas em que o produto ou o prato se enquadra.
- **Unidade de medida:** é a unidade de medida do produto final (quilo, unidade, caixa, litro, etc.).

- **Rendimento:** indica a quantidade de produto final na unidade de medida do produto.
- **Quantidade líquida:** refere-se à quantidade de cada matéria-prima que será utilizada, desconsiderando as perdas que podem ocorrer durante a produção.
- **Unidade:** é a unidade de medida a ser utilizada para cada matéria-prima.
- **Valor unitário:** indica o valor da compra da matéria-prima, de acordo com a unidade de medida citada anteriormente.
- **% de rendimento:** é o percentual da matéria-prima que será usado no preparo dos produtos ou dos pratos, não considerando as perdas que ocorrem na produção. Podemos considerar a seguinte fórmula para o cálculo do percentual de rendimento:

$$\% \text{ de rendimento} = \text{peso líquido} / \text{peso bruto}$$

- **Quantidade bruta:** refere-se à quantidade de matéria-prima que será requisitada e comprada e da qual, após as perdas no processo de produção, teremos a quantidade líquida. A fórmula para o cálculo da quantidade bruta pode ser:

$$\text{Quantidade bruta} = \text{quantidade líquida} / \text{rendimento}$$

- **Valor total:** é o valor total de cada matéria-prima a ser utilizada no processo de produção:

$$\text{Valor total} = \text{quantidade bruta} \times \text{valor unitário}$$

- **Valor total da preparação:** consiste na soma de todos os valores totais de cada matéria-prima a ser utilizada na produção.
- **Valor da porção:** é o valor de uma porção individual, que pode ser calculado com a seguinte fórmula:

$$\text{Valor da porção} = \text{valor total da preparação} / \text{rendimento}$$

- **% de participação:** é o valor percentual de cada matéria-prima em relação ao valor total da ficha técnica. Essa informação serve para identificar as matérias-primas que possuem maior influência no custo total do produto. A fórmula para cálculo é:

$$\% \text{ de participação} = \text{valor total} / \text{valor total da preparação}$$

- **Valor do preço de venda:** refere-se ao valor de venda do produto.
- **Margem de contribuição:** significa o preço de venda menos o custo do produto.

> Margem de contribuição = preço de venda - custo

- **CMV:** é o custo da mercadoria vendida ou, ainda, a relação direta entre os custos de compra das matérias-primas (incluindo embalagem) para a produção do produto final e o preço de venda. A fórmula para obter o CMV é:

> CMV = valor da porção / valor do preço de venda

Assim, nessa ficha técnica, temos a composição do hambúrguer, com todas as matérias-primas utilizadas, as quantidades líquidas e brutas, o custo unitário e o total de cada uma, os rendimentos e as participações da importância no custo total, o custo de cada porção, o preço de venda e o custo da mercadoria vendida final do produto.

Vale ressaltar que na parte superior da ficha existem os campos "FTP nº" e "Revisão".

"FTP nº", como as iniciais indicam, refere-se ao número da ficha técnica de planejamento em questão. O empreendimento deve ter suas fichas numeradas, como forma de identificação. O campo "Revisão" indica a data mais recente na qual as informações da ficha foram checadas e/ou ajustadas. Como dissemos anteriormente, manter a ficha técnica atualizada é um dos pilares para a boa gestão de um negócio de A&B.

O modelo apresentado na figura 4.1 pode ser aplicado a todos os produtos de um negócio voltado à alimentação, possibilitando ao estabelecimento obter os benefícios que o uso dessa ferramenta proporciona.

FICHA TÉCNICA OPERACIONAL

A ficha técnica operacional é a ferramenta utilizada diariamente em toda cozinha ou produção de negócios voltados à alimentação. Trata-se de um instrumento que apresenta informações sobre todas as matérias-primas utilizadas na elaboração do produto, bem como quantidades, modo de preparo, validade, armazenamento, entre outros dados.

Uma ficha técnica operacional bem montada deve descrever todas as etapas de produção do produto.

Aproveitando o exemplo do hambúrguer bovino, cuja ficha técnica de planejamento para 200 unidades foi apresentada na figura 4.1, a figura 4.2 apresenta a ficha operacional desse produto para a mesma quantidade.

FICHA TÉCNICA OPERACIONAL				FTP Nº	00001	REVISÃO:	00/2018
Nome do produto			HAMBURGUER BOVINO DE 140 G				
Grupo			CARNES - BOVINO				
Unidade de medida			UND - UNIDADE				
Rendimento			200	QUANT. P/ EXPLOSÃO DA RECEITA:			250
Matéria-prima	Quant. líquida	UND	% de rendim.	Quant. bruta	Quant. per capita	Quant. líquida explosão	Quant. bruta explosão
ACEM SEM PEITO RESFRIADO	8,30	KG	90,12%	9,21	0,0415	10,38	11,51
FRALDINHA RESFRIADA	5,80	KG	87,09%	6,66	0,0290	7,25	8,33
GORDURA DO PEITO RESFRIADA	3,00	KG	100,00%	3,00	0,0150	3,75	3,75
PEITO BOVINO RESFRIADO	10,90	KG	94,21%	11,57	0,0545	13,63	14,46
PAPEL SEPARADOR HAMB 15 × 15	200,00	UND	100,00%	200,00	1,0000	250,00	250,00
Armazenamento	LEVAR PARA GELADEIRA EM ATE 5 ºC POSITIVOS COM ETIQUETA DE VALIDADE						
Validade	1 DIA ARMAZENADO EM ATE 5 ºC						
MODO DE PREPARAR							
1 - HIGIENIZAR A MAQUINA ANTES DE UTILIZAR							
2 - CORTAR A CARNE EM CUBOS; MOER A CARNE EM SEGUIDA							
3 - PESAR BOLAS DE CARNE COM 140 G CADA							
4 - MODELAR UTILIZANDO FORMAS OU AROS							
5 - SEPARAR CADA HAMBURGUER UTILIZANDO FOLHAS DE PAPEL SEPARADOR PARA HAMBURGUER							
6 - PAPEL SEPARADOR CORTADO EM QUADRADOS							
7 - RETIRAR DA GELADEIRA AOS POUCOS PARA GRELHAR							
8 - GRELHAR, MONITORAR TEMPO E TEMPERATURA							
9 - APOS GRELHADO, SERVIR EM SEGUIDA CONFORME MANUAL DE PRODUTO							
Glúten	PODE CONTER TRAÇOS DE GLUTEN						
Lactose	PODE CONTER TRAÇOS DE LACTOSE						
Alergênicos							
DESENVOLVIDO POR	APROVADO POR			DATA			

Figura 4.2 | Ficha técnica operacional de 200 hambúrgueres bovinos de 140 g.
Fonte: Alves (2018).

Como podemos ver, a ficha operacional deve ser numerada (campo "FTO nº") e ter a data da revisão informada, tal qual é feito na ficha técnica de planejamento.

Nesse modelo apresentado na figura 4.2, acrescentamos o conceito de "explosão" de receita. Segundo Alves (2018), essa "explosão" consiste nas informações referentes à produção de uma quantidade maior que a originalmente estipulada na ficha. Neste caso, 250 unidades (quando a ficha é para 200 hambúrgueres). Para isso, é necessário multiplicar a quantidade de matéria-prima utilizada para uma porção do produto pela quantidade que se deseja produzir. Dessa forma, conseguimos quantificar a matéria-prima necessária para o volume de produção pretendido mantendo a padronização do produto final.

É comum escutarmos donos de estabelecimentos falarem: "A cozinheira prepara do jeito dela... nem sempre fica igual", "Temos ficha técnica, mas é para pouca quantidade, e aqui servimos muita gente", "Sabemos preparar os produtos, até temos ficha técnica, mas o que vejo é que o mesmo prato está sempre com uma textura de molho diferente... a quantidade de molho para a carne também varia...".

Assim, uma vez que a ficha técnica operacional descreve os passos para a produção, ao utilizarmos o conceito de "explosão" de receitas, as quantidades líquidas e brutas se alterarão conforme o volume de porções sem mudança no processo produtivo. Como resultado, a frase "nem sempre fica igual" será resolvida.

A ficha técnica mostrada na figura 4.2 também traz instruções de segurança alimentar:

- sobre o armazenamento, indicando a temperatura que deve ser respeitada;
- sobre a validade do produto, a qual deve constar das etiquetas de identificação;
- sobre a composição do produto, informando se contém glúten, lactose e outros alergênicos. Esses dados são especialmente importantes para responder às perguntas que os clientes podem fazer aos garçons ou aos atendentes do estabelecimento.

COMO CUSTEAR RESTAURANTE POR QUILO

Como sabemos, a refeição fora do lar não é apenas um momento de lazer, mas uma necessidade para muitas pessoas.

Vasconcellos, Cavalcanti e Barbosa (2002) definem os restaurantes que possuem o sistema *buffet* como estabelecimentos que dispõem seus pratos sobre algum móvel, o qual pode ser uma mesa, um carrinho ou um balcão. Normalmente nesse serviço não há cardápio e a identificação das preparações é colocada sobre o móvel, para que o consumidor selecione o que vai colocar em seu prato.

Assim, os restaurantes *self-service* atendem ao vasto público que não dispõe de muito tempo para realizar suas refeições, como poderia acontecer em um estabelecimento à la carte. Oferecem em um mesmo local vários pratos que podem ser escolhidos pelo cliente e, ainda, uma relação direta entre a quantidade que foi consumida e o preço que será pago.

Silva e Martinez (2008) afirmam que no balcão devem ser colocados pratos fracionados e em quantidades pequenas, pois o alimento exposto tem suas características sensoriais alteradas e as sobras não podem ser aproveitadas, gerando desperdício ao estabelecimento. Sugerem também um máximo de 24 tipos de prato para restaurantes que servem até 300 refeições por dia.

Devemos também lembrar que um cardápio de restaurante por quilo deve ser variado e incluir novos pratos, para manter a fidelização dos clientes que vão ao estabelecimento diariamente.

Para custear um produto de um restaurante à la carte, se realizarmos as fichas técnicas de todos os produtos, conseguiremos ter facilmente essa informação de custo. No entanto, quando consideramos um restaurante por quilo, estamos falando de produtos que ficam à disposição do cliente, dos quais ele tem a opção de retirar a quantidade que desejar.

Assim, custear um estabelecimento com esse perfil demanda um caminho diferente: planejamento de cardápio e pré-custo.

Quadro 4.1 | Exemplo de estrutura de cardápio semanal para restaurante por quilo ou *buffet*.

Composição	Segunda-feira	Terça-feira	Quarta-feira	Quinta-feira	Sexta-feira	Sábado	Domingo
Saladas	Alfaces lisa e crespa roxa.	Alface crespa e rúcula.	Alface-americana e agrião.	Alface-romana e americana.	Alface-crespa e frisé roxa.	Mix de folhas.	Alface-americana com rúcula.
Saladas	Tomate carmem em rodela.	Tomate carmem em meia-lua.	Vinagrete de tomate e cebola.	Tomates carmem e cereja.	Tomate carmem em rodela.	Tomate carmem em meia-lua.	Tomate carmem em rodela.
Saladas	Tremoço.	Grão-de-bico.	Milho-verde.	Feijão-fradinho.	Lentilha.	Soja com gergelim.	Ervilha congelada.
Saladas	Queijo Minas.	Tofu com gergelim.	Broto de feijão.	Tofu com gengibre.	Tofu defumado.	Tofu com shoyu.	Pasta de tofu.
Saladas	Ovo recheado.	Omelete na chapa.	Ovo de codorna.	Ovo cozido em rodela.	Omelete de forno.	Ovo cozido simples.	Ovo frito.
Arroz	Arroz integral simples.	Arroz integral com açafrão.	Arroz integral simples.	Arroz integral com gergelim.	Arroz integral simples.	Arroz integral com passas.	Arroz integral com legumes.
Arroz	Arroz branco.	Arroz branco.	Arroz branco.	Arroz branco.	Arroz branco.	Arroz branco.	Arroz branco.
Arroz	Risoto de palmito.	Risoto de frango.	Risoto de shimeji.	Risoto de abobrinha.	Risoto três queijos.	Risoto de salmão.	Risoto de cogumelo.
Feijão	Feijão-carioca.	Feijão-carioca.	Feijão-carioca.	Feijão-carioca.	Feijão-carioca.	Feijão-carioca.	Feijão-carioca.
Proteína vermelha	Fraldinha assada.	Cupim assado.	Maminha assada.	Contrafilé grelhado.	Espeto de alcatra à gaúcha.	Estrogonofe de carne.	Picanha no alho.
Proteína vermelha	Hambúrguer a pizzaiolo.	Costela bovina na panela.	Bife à parmegiana.	*Goulash*.	*Paillard* de mignon.	Maminha no alho.	Hamburguinho de fraldinha.
Proteína branca	Filé de frango grelhado.	Filé de frango grelhado.	Filé de frango grelhado.	Filé de frango grelhado.	Filé de frango grelhado.	Filé de frango grelhado.	Filé de frango grelhado.

(cont.)

Composição	Segunda-feira	Terça-feira	Quarta-feira	Quinta-feira	Sexta-feira	Sábado	Domingo
Proteína branca	Coxa assada.	Sobrecoxa desossada.	Frango xadrez.	Sobrecoxa assada.	Frango a passarinho.	Peito de frango assado com molho de laranja.	Peito de peru com frutas.
Suíno	Costela suína assada.	Filé-mignon suíno.	Feijoada completa.	Pernil assado.	Bisteca de lombo.	Picanha de suíno.	Pernil assado.
Pescado	Filé de saint peter grelhado.	Tiras de filé de pescada branca fritas.	Porquinho frito.	Filé de saint peter à milanesa.	Salmão grelhado.	Atum com gergelim.	Salmão assado com molho de laranja.
Embutido	Calabresa acebolada.	Linguiça de pernil na chapa.	Linguiça especial temperada.	Paio acebolado.	Salsichão ao molho.	Bolinho de calabresa.	Linguiça de pernil ao forno.
Guarnição	Acelga com gergelim.			Couve à mineira, banana à milanesa.			
Salgado	Minicoxinha frita.	Esfiha fechada.	Quiche de alho-poró.	Miniquibe frito.	Torrada com patê.	Torta de frango.	Torta de abobrinha com tomate seco.
Frutas	Melancia.	Melancia.	Melancia.	Melancia.	Melancia.	Melancia.	Melancia.
Frutas	Abacaxi em pedaço.	Manga laminada.	Laranja laminada.	Abacaxi em pedaço.	Melão amarelo em pedaço.	Manga laminada.	Banana-nanica assada.
Bebidas	Sucos prontos, sucos naturais, refrigerantes, águas, café expresso.	Sucos prontos, sucos naturais, refrigerantes, águas, café expresso.	Sucos prontos, sucos naturais, refrigerantes, águas, café expresso.	Sucos prontos, sucos naturais, refrigerantes, águas, café expresso.	Sucos prontos, sucos naturais, refrigerantes, águas, café expresso.	Sucos prontos, sucos naturais, refrigerantes, águas, café expresso.	Sucos prontos, sucos naturais, refrigerantes, águas, café expresso.

Fonte: Alves (2018).

CASO 11 – CUSTEANDO RESTAURANTE POR QUILO

Estabelecimento
Restaurante *self-service* por quilo, localizado na cidade de São Paulo.

Cenário encontrado
A gestão de resultado desse restaurante era feita por meio do controle de compras e de receita das vendas, de uma forma simples: *faturamento (receita) - compras = resultado*.

Mas os resultados oscilavam muito, porque não havia planejamento de cardápio com visão de gestão de custo, apenas de produção.

Segundo o proprietário, os valores apresentavam grande variação de um mês para o outro – às vezes, bastava comprar um rolo de toalha descartável para impactar os custos.

Claro que não havia planejamento de compras, pois não havia planejamento de cardápio.

Encaminhamento e soluções
Foi implantado o planejamento do cardápio do restaurante para um mês, com pré-custo. Esse planejamento buscou distribuir as carnes mais caras ao longo do período (um mês). O pré-custo teve como base os preços de compra e a quantidade de consumo prevista, já que nesta situação não era possível contar com fichas técnicas dos produtos.

	Segunda-feira	Quantidade estimada	Pré-custo estimado	Terça-feira	Quantidade estimada	Pré-custo estimado
Carne bovina	Contrafilé na chapa	12 kg	R$ 150,00	Maminha no sal grosso	15 kg	R$ 75,00
Ave	Filé de frango	8 kg	R$ 64,00	Filé de frango à parmegiana	7 kg	R$ 56,00
Ave	Torta de frango	6 kg	R$ 48,00	Coxa e sobrecoxa assadas	12 kg	R$ 72,00
Pescado	Merluza à dorê	10 kg	R$ 180,00	Moqueca de peixe (cação)	10 kg	R$ 200,00
Embutido/laticínio	Linguiça toscana	8 kg	R$ 64,00	Panqueca de ricota e espinafre	7 kg	R$ 105,00
	Total	44 kg	R$ 506,00	Total	51 kg	R$ 508,00
	Faturamento previsto/dia	R$ 3.000,00	16,86% de proteína	Faturamento previsto/dia	R$ 3.000,00	16,93% de proteína

Exemplo de pré-custo com planejamento para servir 140 clientes.

Resultados

Após a implantação do pré-custo do cardápio e com o controle de estoque, os custos passaram a ser mais previsíveis, e o CMV se mostrou mais estável. Quando se percebesse variação no CMV, seria feita revisão do cardápio, ajustando rapidamente o custo da mercadoria vendida.

CASO 12 – CUSTEANDO RESTAURANTE POR QUILO E O VALOR DO DESPERDÍCIO

Estabelecimento

Restaurante *self-service* por quilo, localizado na cidade de São Paulo.

Cenário encontrado

O objetivo era levantar o CMV do *self-service* por quilo, além do percentual de desperdício (sobra), que o proprietário do estabelecimento dizia "achar" que estava alto.

O restaurante não tinha ficha técnica dos pratos que eram servidos nem controle do estoque ou planejamento de cardápio. Assim, preparavam-se os pratos de acordo com os produtos disponíveis em estoque e se faziam as compras aleatoriamente.

Encaminhamento e soluções

A primeira providência foi designar um responsável para monitorar as ações referentes aos levantamentos pretendidos. Em um segundo momento, a equipe foi reunida para ser informada do trabalho que seria feito.

Quando um negócio voltado à alimentação não possui ficha técnica, é necessário levantar o custo por meio do consumo de mercadoria que sai do estoque.

O trabalho inicial para levantamento de custo consistiu em:

- na véspera, montar o cardápio com os pratos que iriam compor o *buffet* do dia seguinte (posteriormente, eles seriam planejados com antecedência ainda maior);
- as mercadorias que seriam usadas no dia seguinte deveriam ser retiradas do estoque e separadas, na medida do possível, e anotadas no caderno.

Foram levantados os preços de todas as mercadorias que eram adquiridas. Estas foram anotadas na planilha de controle de consumo, que totalizava 150 itens aproximadamente.

No decorrer do dia, à medida que fossem necessárias outras mercadorias do estoque e houvesse a retirada, deveria haver anotação sobre isso no caderno.

Nenhuma mercadoria com embalagem aberta deveria retornar ao estoque. Caso fosse notada alguma mercadoria nessas condições, deveria ser mantida na cozinha para uso no dia seguinte.

Todas essas recomendações eram aplicadas às proteínas e aos estocáveis. Para os itens de hortifrúti, seriam considerados como consumidos os valores da nota fiscal integralmente no dia da entrada, comprando apenas o necessário.

Já para o levantamento de custo do desperdício (sobra) do *self-service*, o procedimento consistiu em:

- pesar os produtos que saíam da cozinha para o balcão;
- no final do almoço, pesar todas as sobras.

Assim, inicialmente todas as travessas utilizadas no balcão foram identificadas e pesadas vazias. E, então, todas as preparações foram pesadas, travessa por travessa, ao saírem da cozinha para abastecimento do balcão (sendo descontado, claro, o peso das travessas vazias registrado anteriormente).

Resultados

Dia a dia, observaram-se uma evolução no trabalho de planejamento, maior controle de mercadoria e uma produção mais controlada.

Após duas semanas de trabalho, ao ser encerrado o levantamento do consumo de mercadorias, perceberam-se maior controle e mudança no comando, por exemplo, para o abastecimento do balcão. Antes, havia solicitações como: "Está acabando o bife, manda uma travessa!"; agora, tínhamos: "Manda mais 5 bifes!". Ou seja, uma quantidade mais controlada e consciente.

Com a finalização do trabalho após um mês, houve redução nas sobras de 20% e de 15% no CMV.

A empresa manteve os processos implantados e conseguiu estabilizar os resultados.

COMO CUSTEAR RESTAURANTE DE RODÍZIO JAPONÊS

A culinária japonesa, que durante muito tempo foi considerada de difícil acesso, é hoje bastante popular entre as pessoas que realizam refeições fora de casa, seja pela variedade dos pratos, seja por estar associada a uma alimentação mais saudável.

Nessa culinária, segundo Silva e Martinez (2008), os produtos do mar se aliam aos vegetais e acabam oferecendo o prazer do sabor e a elegância na montagem dos pratos. Alves (2018) ressalta que, para um cardápio bem-sucedido nesse tipo de restaurante, os pescados precisam estar absolutamente frescos; e os complementos e temperos não devem esconder o sabor original do ingrediente principal, que é o peixe.

Quadro 4.2 | Exemplo de estrutura de cardápio para restaurante japonês com rodízio.

Entradas	Gunkanzushi flambado, harumaki de queijo, korokke, gyoza, shimeji, misoshiru, tempura, lula, edamame.
Teppanyaki	Niku, tori, sakana, shake, ebi.
Yakisoba	Simples, vegetariano, camarão, frutos do mar.
Sushi	Hosomaki, makimono, uramaki, nigirizushi, gunkanzushi.
Sashimi	Peixes variados, polvo.
Temaki	Atum, salmão, peixe branco, ebi, kani, polvo, skin, masago.
Especiais	Tartar de atum ou salmão.
Festival	Gohan, misoshiru, sunomono, tempura, gyoza, harumaki, korokke, ebi, yakizakana, shimeji, gunkanzushi, edamame, temaki, yakisoba.
Sobremesas	Tempura doce, sembei, harumaki doce, sorvetes.
Bebidas	Saquês, cervejas, destilados, sucos, refrigerantes, águas, café.

Fonte: Alves (2018).

Assim como em um restaurante por quilo, no restaurante japonês que possui rodízio ou os chamados festivais (em que o cliente paga um valor fixo e pode consumir o que desejar), o levantamento de custo se faz necessário para que o negócio tenha viabilidade e lucratividade.

CASO 13 – AUMENTANDO A VENDA COM NOVOS PRATOS EM RESTAURANTE JAPONÊS COM RODÍZIO

Estabelecimento
Restaurante japonês com rodízio, localizado na cidade de São Paulo.

Cenário encontrado
O restaurante apresentava queda de venda todo fim de mês, quando os tíquetes-refeição dos clientes estavam acabando ou já tinham acabado.

Encaminhamento e soluções
Para atingir o objetivo de atrair clientes ao longo de todo o mês, foi realizada pesquisa de campo em vários concorrentes na região.

A pesquisa apontou que a implantação de pratos chamados executivos, com preços mais baixos, poderia funcionar como atrativo. Pratos mais acessíveis e que garantissem a presença do cliente do estabelecimento no fim do mês.

Nesse movimento, foram analisadas as vendas por meio da curva ABC (ver página 95), para haver a definição dos pratos que deveriam ficar no cardápio em meio à renovação que seria feita.

A partir daí, foram executados os passos a seguir.

- **1º passo:** levantaram-se os custos dos pratos existentes por meio de fichas técnicas. Um jovem colaborador foi treinado e meticulosamente montou as fichas, o que permitiu o levantamento dos custos.
- **2º passo:** com as fichas técnicas de todos os produtos componentes de um cardápio de comida japonesa, foram criados novos pratos, com preços mais acessíveis e com uma margem de contribuição mais interessante.
- **3º passo:** houve a implantação do novo cardápio, com fotos dos pratos. Apesar de mais enxuto, esse cardápio tinha seus custos conhecidos.

Resultados
Não há necessidade de ter uma "bola de cristal": o jovem colaborador foi promovido a gerente após conquistar ótimos resultados e multiplicar a boa prática de gestão em outro restaurante do proprietário.

CASO 14 – LEVANTANDO O CUSTO POR CLIENTE EM RESTAURANTE JAPONÊS COM RODÍZIO

Estabelecimento
Restaurante japonês com rodízio, localizado na cidade de São Paulo.

Cenário encontrado
O proprietário desejava organizar os processos para levantamento dos custos dos pratos servidos no restaurante.

No cardápio, existiam pratos do rodízio festival, do rodízio executivo e do rodízio combinado. Esses pratos eram compostos por vários produtos, e os clientes podiam solicitar repetição.

Havia alguns problemas:

- as repetições não eram sistematizadas, e os garçons serviam aleatoriamente os produtos, em qualquer quantidade, até mesmo sem o cliente os solicitar;
- consequentemente, havia muitas sobras. Era comum o cliente que não havia solicitado os pratos servidos acabar pedindo outros os quais ele realmente gostaria de repetir;
- os produtos que faziam parte do festival também compunham o executivo e o combinado;
- no fim do dia, não havia, por exemplo, informação sobre a quantidade de shimeji que havia sido servida especificamente no festival, no executivo ou no combinado.

Encaminhamento e soluções
Para organizar os serviços, foi detectada a necessidade de alterar os cadastros de venda. Deveria haver o cadastro do grupo e o do produto, que seriam os códigos associados – por exemplo, o código do grupo "Rodízio festival" e o código do produto "Shimeji rodízio festival".

| | Grupo: RODÍZIO FESTIVAL ||
| | Código: 10 ||
	Descrição do produto	Código do produto
Shimeji	SHIMEJI RODIZIO FEST	10.001
Gohan	GOHAN RODIZIO FEST	10.002
Gyoza de porco	GYOZA DE PORCO RODIZIO FEST	10.003
Hot roll de salmão	HOT ROLL SALMAO RODIZIO FEST	10.004
Salmão grelhado	NAO COMPOE	

| | Grupo: RODÍZIO EXECUTIVO ||
| | Código: 20 ||
	Descrição do produto	Código do produto
Shimeji	NAO COMPOE	
Gohan	GOHAN RODIZIO EXEC	20.002
Gyoza de porco	GYOZA DE PORCO RODIZIO EXEC	20.003
Hot roll de salmão	HOT ROLL SALMAO RODIZIO EXEC	20.004
Salmão grelhado	SALMAO GRELHADO RODIZIO EXEC	20.005

| | Grupo: RODÍZIO COMBINADO ||
| | Código: 30 ||
	Descrição do produto	Código do produto
Shimeji	SHIMEJI RODIZIO COMBINADO	30.001
Gohan	GOHAN RODIZIO COMBINADO	30.002
Gyoza de porco	GYOZA DE PORCO RODIZIO COMBINADO	30.003
Hot roll de salmão	NAO COMPOE	
Salmão grelhado	SALMAO GRELHADO RODIZIO COMBINADO	30.005

Modelo de cadastros de venda para produtos iguais usados em diferentes pratos no restaurante japonês.

No sistema informatizado utilizado, já havia a opção de associar um código de um grupo ao código de um produto, porém essa opção jamais tinha sido usada. Podemos chamar essa associação também de código mãe e código filho.

Foram elaboradas fichas técnicas, o que permitiu que todos os custos dos produtos se tornassem conhecidos.

Quanto ao serviço de repetição, foi estipulado que ele seria mais organizado, pois os garçons anotariam as repetições com as quantidades solicitadas pelos clientes. Por exemplo, se o cliente pedisse gyoza, o garçom deveria perguntar: "Quantos gyoza o senhor gostaria?", e assim por diante.

As quantidades servidas no festival passaram a ser padronizadas. Em caso de repetição, também seriam comandadas, embora não tivessem custo para o cliente.

As sobras de complementos (como o wasabi) também passaram a ser pesadas.

Assim, tornou-se possível conhecer, no final do dia, as quantidades vendidas, como mostra a figura a seguir.

GRUPO	RODÍZIO FESTIVAL	
CÓDIGO	10	
QUANTIDADE VENDIDA	15	
Código	Descrição do produto	Quant. vendida
10.001	SHIMEJI RODIZIO FEST	17
10.002	GOHAN RODIZIO FEST	10
10.003	GYOZA DE PORCO RODIZIO FEST	25
10.004	HOT ROLL SALMAO RODIZIO FEST	20

Quantidade de acompanhamentos servidos em 15 vendas de rodízio festival do restaurante japonês.

Resultados

Após dois meses de trabalho, com o CMV levantado de todos os pratos, o cardápio foi reestruturado, e em menos de seis meses o restaurante passou a lucrar.

COMPRAS

5

Muitos dos proprietários de negócios de A&B acreditam que o ato de comprar se resume a negociar com pelo menos três fornecedores e adquirir do mais barato. Da mesma forma, ainda existem empresas – de pequeno, médio ou grande porte – para as quais o departamento de compras é o departamento de gastos, aquele que simplesmente compra e gasta o dinheiro da empresa.

Se o departamento de compras é o setor que gasta o dinheiro da empresa, então se deve dar muita atenção ao ato de comprar. Se considerarmos que o CMV, como vimos, pode representar em muitos negócios de A&B mais de 30% do faturamento, realmente talvez seja o maior setor – ou, pelo menos, um dos mais importantes – a afetar a lucratividade do empreendimento.

Em vários negócios, vemos a árdua tarefa de aumentar a lucratividade buscando formas de aumentar as vendas. Claro, essa é uma das maneiras de obter tal crescimento, porém não é a única. Se dedicarmos um cuidado maior à aquisição de matérias-primas e conseguirmos reduzir o valor que pagamos por elas, teremos maior lucro.

Certamente podemos dizer que a ação de comprar refere-se à forma como adquirimos um produto ou até mesmo um serviço, pagando um valor por essa aquisição ou contratação. No entanto, devemos sempre considerar que o processo de compra faz parte de toda a gestão da cadeia de suprimentos e exerce importante papel para a integração das frentes envolvidas em um negócio, cuja importância foi apresentada no capítulo 1 (ver página 13).

Alves (2018) afirma que o ato de comprar ou adquirir algum produto mediante um pagamento não se resume exclusivamente a essa função. É preciso incluir alguns outros pontos importantes ao processo:

- comparar os fornecedores e definir a melhor proposta;
- localizar e negociar as fontes de suprimentos existentes;
- negociar e firmar contratos de fornecimento;
- emitir e administrar as ordens de compra.

Assim, uma gestão de compras realizada com atenção e cuidado permite que sejam obtidos diversos benefícios:

- o fluxo de abastecimento de matérias-primas se torna mais estável, ou seja, não há mais ou menos estoque do que o necessário para a produção;

- o capital de giro aumenta, em decorrência da redução de estoques;
- é cumprida com eficiência a função básica de compras (comprar pelo menor preço, na data necessária e pagando com prazo melhor);
- adquirem-se produtos dentro da especificação (ver capítulo 2, página 24), o que evita desperdícios e garante padronização para o cliente final.

CURVA ABC

A curva ABC é uma ferramenta tão importante em um negócio que, quando precisamos entender o empreendimento para melhorar seus processos, as informações da curva são as primeiras que solicitamos aos clientes. No entanto, a maioria não possui esses dados.

O conceito da curva ABC tem origem em um estudo do final do século XIX do economista italiano Vilfredo Pareto, que observou que uma pequena parcela da população da Itália (20%) concentrava a maior parte da riqueza (80%). Com a colaboração de outros estudiosos, chegou-se à regra dos 80/20, ou regra de Pareto, ou curva ABC. Basicamente, trata-se de uma classificação que considera os produtos em função do que eles representam.

Esse conceito pode parecer complexo, mas é mais simples do que se imagina. E é extremamente útil para compreendermos as compras e a criação de estratégias para melhora do resultado de um negócio.

Para facilitar o entendimento, vamos utilizar as definições de Alves (2018) sobre as classes de itens que se enquadram na curva ABC e alguns exemplos na área de alimentação.

Aquela expressão segundo a qual é melhor cuidar primeiro dos elefantes que passam do que ficar olhando as formigas pode se encaixar perfeitamente no conceito da curva ABC. Devemos primeiro focar os itens que mais representam e são importantes para o negócio e, somente após resolvermos definitivamente as questões com esses itens, seguir para cuidar dos menos importantes.

Alves (2018) ressalva que a regra dos 80/20 pode ser alterada para 70/10/20 ou, ainda, 70/20/10, e assim por diante. O importante é identificar os principais produtos, separá-los pela importância ABC, analisar suas participações no contexto total e criar as estratégias necessárias para obter melhores resultados com cada classificação, ou seja, focar os principais, com maior participação, e deixar os outros para um segundo momento.

Quadro 5.1 | Curva ABC e exemplos dos negócios de alimentação.

	Classe A	Classe B	Classe C
Descrição	Trata-se de itens que possuem maior relevância em valor. Embora até possam representar percentual menor em termos de quantidade (seriam os 20% da regra), respondem pela maioria no total do valor (seriam os 80%).	São produtos considerados intermediários. Podem corresponder a cerca de 30% dos itens e representar em média 15% do valor total.	Refere-se aos itens de menor importância. Podem ser volumosos em quantidade, mas com representação em valor bem reduzida. Normalmente, respondem por apenas 5% do valor total, embora possam representar 50% dos itens.
Exemplos	Normalmente fazem parte da curva A as proteínas (carnes bovinas, pescados, aves, queijos em geral), alguns produtos de hortifrúti, azeites, entre outros itens. Nos restaurantes por quilo, por exemplo, arroz e feijão são os protagonistas.	De maneira geral, na curva B estão os estocáveis, como óleo e enlatados, além de muitos produtos de hortifrúti.	Na curva C estão sempre os materiais de escritório e produtos de limpeza, como vassouras, sacos de lixo e alguns itens de hortifrúti.
Prioridade de ações	Os itens da curva A devem receber maior atenção no primeiro momento; sobre eles são tomadas as primeiras decisões, em razão de sua importância em relação ao total de itens.	Os itens da curva B devem ter uma atenção somente após terem sido tomadas as decisões relativas aos produtos da classe A.	As ações para os itens da curva C são tomadas apenas quando se resolvem as questões dos produtos das classes A e B.

Fonte: adaptado de Alves (2018).

A figura 5.1 auxilia esse entendimento sobre a classificação dos itens conforme sua importância para um negócio de A&B.

No exemplo da figura 5.1, podemos observar que:

- a estratégia consistiu em considerar 70% do volume de compra como classe A, os 15% seguintes como classe B e os outros 15% como classe C;
- dos 20 itens de compra, 9 deles representam mais de 70% das compras e são considerados curva A;
- 6 itens representam quase 15% do total das compras e são considerados curva B;
- 5 itens representam os outros 15% do total das compras e são classificados como curva C;

- a picanha resfriada representa sozinha mais de 31% do total da compra, que é a soma das participações dos outros 6 itens seguintes. Podemos compreender, então, que temos uma concentração de compra muito grande em apenas um item.

ITEM	DESCRIÇÃO DO ITEM	UNIDADE	QUANTIDADE	TOTAL ANUAL	% PART.	% SOMA	CURVA
17	PICANHA RESFRIADA	KG	20.000	R$ 840.000,00	31,48%	31,48%	A
19	QUEIJO PRATO	KG	10.000	R$ 220.000,00	8,24%	39,72%	A
2	AGUA MINERAL SEM GAS 350 ML	UND	130.000	R$ 156.000,00	5,85%	45,57%	A
14	MANTEIGA SEM SAL 5 KG	UND	6.100	R$ 122.000,00	4,57%	50,14%	A
7	CAMARAO ROSA 11/15 CONGELADO	KG	2.000	R$ 118.000,00	4,42%	54,56%	A
9	CREME DE LEITE PASTEURIZADO 1 L	UND	9.700	R$ 116.400,00	4,36%	58,92%	A
15	OLEO DE SOJA REFINADO 18 L	UND	2.000	R$ 112.000,00	4,20%	63,12%	A
8	CONTRAFILE RESFRIADO	KG	2.800	R$ 109.200,00	4,09%	67,21%	A
4	AZEITE DE OLIVA EXTRAVIRGEM 5 L	UND	3.600	R$ 90.000,00	3,37%	70,59%	A
16	PALMITO TOLETE	KG	6.000	R$ 90.000,00	3,37%	73,96%	B
20	TOMATE ANDREIA 1A	KG	10.000	R$ 89.000,00	3,34%	77,29%	B
10	FILE DE ROBALO FRESCO	KG	1.500	R$ 87.000,00	3,26%	80,55%	B
5	BACON DEFUMADO	KG	3.900	R$ 74.100,00	2,78%	83,33%	B
13	LINGUICA SUINA	KG	4.100	R$ 73.800,00	2,77%	86,10%	B
18	QUEIJO GRAN FORMAGGIO	KG	1.400	R$ 73.500,00	2,75%	88,85%	B
1	ABACAXI PEROLA G 1,8 KG	KG	23.000	R$ 68.540,00	2,57%	91,42%	C
11	GEMA DE OVO PASTEURIZADA 1 KG	UND	3.600	R$ 66.960,00	2,51%	93,93%	C
3	ARROZ PARBOILIZADO 5 KG	PCT	20.000	R$ 62.000,00	2,32%	96,25%	C
6	BATATA CAESAR	KG	25.000	R$ 52.500,00	1,97%	98,22%	C
12	LEITE INTEGRAL UHT 1.000 ML	UND	19.000	R$ 47.500,00	1,78%	100,00%	C
			TOTAL	R$ 2.668.500,00			

Figura 5.1 | Exemplo de curva ABC em um negócio de alimentação.

Assim, se tivermos de realizar ações para uma melhor gestão de compras, deveremos iniciar pelo item picanha resfriada, pois qualquer resultado positivo que conseguirmos influenciará significativamente o resultado final.

O conceito da curva ABC pode ser utilizado não apenas para os itens de compra, mas, também, a fornecedores ou clientes e, ainda, para os produtos vendidos.

No caso específico de compras, tema deste capítulo, é possível estabelecer a curva ABC em relação a valor, a volume e a fornecedor.

CASO 15 – A IMPORTÂNCIA DA CURVA ABC

Estabelecimento
Hamburgueria localizada na cidade de São Paulo.

Cenário encontrado
O objetivo era melhorar os resultados do estabelecimento. Assim, foi solicitada a curva ABC da hamburgueria, que apontou que existiam três produtos que representavam mais de 50% das compras:

- a carne utilizada para a fabricação do hambúrguer respondia por 22% da compra total;
- o pão de hambúrguer representava 15% da compra total;
- o queijo prato representava 14% do volume de compra.

Encaminhamento e soluções
Foram implementadas as estratégias de compra descritas a seguir.

- **Carne:** desenvolvimento de novos fornecedores; estabelecimento de metas de compras aos compradores (por exemplo, redução de 5% no preço); melhoria no recebimento de mercadoria; padronização do nível de gordura aceitável; controle do rendimento da produção.
- **Pão de hambúrguer:** redução da unidade (de 50 g para 45 g), a fim de fazer frente às reclamações dos clientes de que o hambúrguer "sumia" no pão. Com a mudança, a carne passou a ficar mais à vista, satisfazendo o cliente.
- **Queijo prato:** estabelecimento de um padrão para o fatiamento do produto. Existia uma única marca de queijo aprovada, o que poderia impossibilitar qualquer redução de custo nesse item, mas detectamos que a orientação de fatia 15 g constante da ficha técnica não era respeitada: cada unidade da rede fatiava o queijo, e eram encontradas fatias de até 20 g (33% a mais). Assim, foi feita calibração de todos os equipamentos fatiadores, e se realizaram treinamentos para os colaboradores cortarem o produto de forma padronizada.

Resultados
Redução de 3,5 pontos percentuais no CMV final do negócio, o que gerou um aumento significativo da margem de contribuição.

Curva ABC por valor

A curva ABC de compras por valor, a mais utilizada em compras, considera a importância da participação do item no total financeiro pago, ou seja, quanto seu valor de compra representa em relação ao total da compra de todos os itens considerados para a análise, sempre em um período determinado.

DESCRIÇÃO DO ITEM	UNIDADE	GRUPO	FORNECEDOR	QUANTIDADE ANUAL	TOTAL ANUAL	% PARTIC.	% SOMA	CURVA
PRODUTO E	KG	CARNES E AVES	FRIGORIFICO X	35.000	R$ 1.900.000,00	46,25%	46,25%	A
PRODUTO J	KG	CARNES E AVES	EMPORIO Y	100.000	R$ 1.700.000,00	41,38%	87,63%	A
PRODUTO G	CX	BEBIDAS	BEBIDAS SUL	260	R$ 120.000,00	2,92%	90,56%	B
PRODUTO D	KG	FRIOS E LATICINIOS	EMPORIO Y	6.000	R$ 100.000,00	2,43%	92,99%	B
PRODUTO A	UND	VINHOS	BEBIDAS SUL	5.500	R$ 80.000,00	1,95%	94,94%	B
PRODUTO F	KG	PEIXES E FRUTOS DO MAR	PEIXES E CIA	3.200	R$ 70.000,00	1,70%	96,64%	C
PRODUTO C	CX	MERCEARIA	EMPORIO Y	650	R$ 55.000,00	1,34%	97,98%	C
PRODUTO H	KG	HORTIFRUTI	FLV	1.500	R$ 42.000,00	1,02%	99,00%	C
PRODUTO I	PCT	MERCEARIA	EMPORIO Y	2.300	R$ 31.000,00	0,75%	99,76%	C
PRODUTO B	KG	HORTIFRUTI	FLV	2.000	R$ 10.000,00	0,24%	100,00%	C
					R$ 4.108.000,00			

Figura 5.2 | Curva ABC de compras por valor.
Fonte: Alves (2018).

A figura 5.2 mostra que o produto E representa mais de 46% do total das compras, enquanto o produto B responde por apenas 0,24%. Podemos também ver a concentração da participação das compras nos dois primeiros produtos, o produto E e o produto J, que juntos representam mais de 87% das compras e que, por essa razão, devem merecer uma atenção maior da gestão de compras, seja administrando seus volumes de compra, seja negociando melhor seus preços, enfim, procurando oportunidades para uma geração de melhores resultados.

Curva ABC por volume

A curva ABC por volume tem foco na quantidade adquirida dos produtos. Também aqui é necessário considerar um período para análise, que pode ser anual, mensal, semestral, bimestral, etc. A figura 5.3 mostra uma curva relativa aos mesmos produtos e ao período da curva da figura 5.2. Mas, como o objetivo é classificar a importância dos produtos por volume, o resultado se mostra bem diferente.

DESCRIÇÃO DO ITEM	UNIDADE	GRUPO	FORNECEDOR	QUANTIDADE ANUAL	% PARTIC.	% SOMA	CURVA
PRODUTO J	KG	CARNES E AVES	EMPORIO Y	100.000	63,93%	63,93%	A
PRODUTO E	KG	CARNES E AVES	FRIGORIFICO X	35.000	22,38%	86,31%	A
PRODUTO D	KG	FRIOS E LATICINIOS	EMPORIO Y	6.000	3,84%	90,15%	B
PRODUTO A	UND	VINHOS	BEBIDAS SUL	5.500	3,52%	93,66%	B
PRODUTO F	KG	PEIXES E FRUTOS DO MAR	PEIXES E CIA	3.200	2,05%	95,71%	C
PRODUTO I	PCT	MERCEARIA	EMPORIO Y	2.300	1,47%	97,18%	C
PRODUTO B	KG	HORTIFRUTI	FLV	2.000	1,28%	98,46%	C
PRODUTO H	KG	HORTIFRUTI	FLV	1.500	0,96%	99,42%	C
PRODUTO C	CX	MERCEARIA	EMPORIO Y	650	0,42%	99,83%	C
PRODUTO G	CX	BEBIDAS	BEBIDAS SUL	260	0,17%	100,00%	C
				156.410			

Figura 5.3 | Curva ABC de compras por volume.
Fonte: Alves (2018).

O produto J, que na curva apresentada na figura 5.2 era o segundo em importância, na figura 5.3 passa a ser o primeiro.

Curva ABC por fornecedor

A curva ABC por fornecedor é bastante usada, pois ajuda na gestão financeira, que envolve estratégias de negociação e concentração de pagamentos em poucos fornecedores, por exemplo. Ela ajuda a identificar uma dependência de determinados fornecedores, o que pode ser preocupante porque, em caso de algum problema de abastecimento, o empreendimento poderia ser afetado, trazendo grandes prejuízos.

Também neste caso devemos considerar um período de análise. Utilizando a mesma base das figuras 5.2 e 5.3, o exemplo da figura 5.4 mostra como a configuração se altera quando o foco é classificar de acordo com os fornecedores.

No exemplo, temos dois fornecedores que detêm mais de 90% das compras, o que indica uma concentração significativa. Um deles detém mais de 46% das aquisições. A recomendação é de que haja mais fornecedores aprovados para os produtos, a fim de que o negócio de A&B não fique "refém" de apenas um.

DESCRIÇÃO DO ITEM	UNIDADE	GRUPO	FORNECEDOR	QUANTIDADE ANUAL	TOTAL ANUAL	% PARTIC.	CURVA
PRODUTO E	KG	CARNES E AVES	FRIGORIFICO X	35.000	R$ 1.900.000,00	46,25%	
					R$ 1.900.000,00	46,25%	A
PRODUTO J	KG	CARNES E AVES	EMPORIO Y	100.000	R$ 1.700.000,00	41,38%	
PRODUTO D	KG	FRIOS E LATICINIOS	EMPORIO Y	6.000	R$ 100.000,00	2,43%	
PRODUTO C	CX	MERCEARIA	EMPORIO Y	650	R$ 55.000,00	1,34%	
PRODUTO I	PCT	MERCEARIA	EMPORIO Y	2.300	R$ 31.000,00	0,75%	
					R$ 1.886.000,00	45,91%	A
PRODUTO G	CX	BEBIDAS	BEBIDAS SUL	260	R$ 120.000,00	2,92%	
PRODUTO A	UND	VINHOS	BEBIDAS SUL	5.500	R$ 80.000,00	1,95%	
					R$ 200.000,00	4,87%	C
PRODUTO F	KG	PEIXES E FRUTOS DO MAR	PEIXES E CIA	3.200	R$ 70.000,00	1,70%	
					R$ 70.000,00	1,70%	C
PRODUTO H	KG	HORTIFRUTI	FLV	1.500	R$ 42.000,00	1,02%	
PRODUTO B	KG	HORTIFRUTI	FLV	2.000	R$ 10.000,00	0,24%	
					R$ 52.000,00	1,27%	C
				VALOR TOTAL	R$ 4.108.000,00		

Figura 5.4 | Curva ABC de compras por fornecedor.
Fonte: Alves (2018).

CADASTRO DE MATÉRIA-PRIMA: IMPACTOS

Os diversos negócios de alimentação possuem uma variedade imensa de matérias-primas e embalagens utilizadas em seus produtos finais. Em alguns empreendimentos, esse número pode passar de milhares de itens diferentes, o que claramente demonstra a importância de um controle em sua administração.

Esse controle é necessário para que haja:

- conhecimento das matérias-primas mais relevantes em termos de custo;
- segurança no recolhimento de tributos de cada matéria-prima, visto que a tributação que incide sobre os variados produtos apresenta diferenças;
- controle de estoques e de entradas e saídas de mercadorias;
- conhecimento e registro de preços anteriormente pagos;
- consolidação de volumes de compra;
- conhecimento do volume de compra para uma melhor negociação de preços.

Muitos proprietários de negócios de A&B enfrentam dificuldades para efetuar um cadastro de matéria-prima de forma correta, que contenha todas as informações necessárias para cada item.

Aqui propomos algumas sugestões para a criação e o uso de um cadastro eficiente, capaz de facilitar os diversos controles do negócio da alimentação: estabelecer categorias de produtos; inserir dados no cadastro de forma inteligente; associar o cadastro às fichas técnicas via sistemas de automação.

Estabelecer categorias de produtos

Quando criamos categorias e/ou subcategorias de materiais que possuem características semelhantes, facilitamos o agrupamento de itens para uma análise mais aprimorada.

Devemos sempre pensar que organizamos as matérias-primas classificando-as por suas características básicas. Assim, estabelecemos "famílias" de produtos: a "mãe" seria a categoria ou o grupo principal, e as subcategorias ou os subgrupos seriam os "filhos".

Alguns exemplos de categorias e subcategorias:

- **bebidas:** águas, chopp e cervejas, destilados, refrigerantes;
- **carnes e aves:** ave, bovina, caprina, suína;
- **hortifrúti:** congelado, higienizado, *in natura*;
- **mercearia:** coberturas, conservas, farinhas, massa secas, óleos e azeites, temperos.

O quadro 5.2 apresenta uma relação de categorias e subcategorias de materiais comumente utilizados em empreendimentos de A&B. Mas reforçamos que em cada negócio devem ser analisadas as características e funções de seus itens cadastrados para, então, efetuar-se a categorização conforme essas particularidades.

Quadro 5.2 | Exemplo de classificação de categorias e subcategorias de matérias-primas.

Categoria	Subcategoria
Bebidas	Águas
	Chopp e cervejas
	Destilados
	Refrigerantes
Bombonière	Balas
	Biscoitos
	Chicletes
	Chocolates
Carnes e aves	Ave
	Bovina
	Caprina
	Suína
Embalagens, descartáveis e limpeza	Caixas para transporte
	Guardanapos de papel
	Produtos para higienização e sanitização
	Sachês (açúcar, sal, ketchup, mostarda, maionese, palito).
Frios e laticínios	Embutidos
	Leites
	Queijos
Hortifrúti	Congelado
	Higienizado
	In natura
Material de escritório e informática	Bobinas de papel
	Canetas
	Cartuchos
	Material de comunicação
Mercearia	Coberturas
	Conservas
	Farinhas
	Massas secas
	Óleos e azeites
	Temperos
Peixes e frutos do mar	Frutos do mar
	Pescados congelados
	Pescados refrigerados

(cont.)

Categoria	Subcategoria
Salgados	Coxinha
	Croissant
	Esfiha
	Pão de batata
	Pão de queijo
Uniforme e EPI*	Calçados de EPI
	Luvas para corte
	Mangotes térmicos
	Uniformes
Utensílios	Copos para bar
	Cubas
	Panelas, frigideiras
	Talheres do salão
	Utensílios gerais para cozinha

* Equipamentos de proteção individual.
Fonte: Alves (2018).

No âmbito dos serviços realizados no empreendimento, é possível criar, por exemplo, grupos e subgrupos como manutenção de equipamentos, manutenção predial, jardinagem, entre outros.

Inserir dados no cadastro de forma inteligente

Em nossos trabalhos, percebemos que o cadastro de itens não é uma tarefa "disputada" pelos colaboradores de um negócio de A&B. Pelo contrário: vemos um "empurra-empurra" de responsabilidades, e, muitas vezes, essa função acaba recaindo em um profissional ou um setor sem as devidas qualificações.

Colocar, na descrição do item, as várias informações dele em um espaço delimitado de caracteres não é tarefa fácil; demanda tempo e recursos, e o responsável pelo empreendimento precisa compreender sua importância, pois é fundamental para trazer segurança à informação, além de eficiência à administração do fluxo dos materiais.

Caso o negócio tenha um sistema de administração ou se utilize de planilhas eletrônicas para controle, o número de caracteres estipulado para a descrição do item deve ser aproveitado ao máximo, com todas as informações que se consegue inserir. A descrição deve sempre estar em caixa-alta (ou seja, apenas com letras maiúsculas) e, de preferência, sem acentos, traços e cedilhas, para facilitar pesquisas e buscas.

Sugerimos, então, que haja os elementos a seguir.

- **Nome do item:** por exemplo, OLEO DE GERGELIM TORRADO 1 L.
- **Tamanho, dimensão, comprimento:** por exemplo, ABRACADEIRA DE INOX 10 MM.
- **Peso, embalagem individual:** por exemplo, PAPEL ALUMINIO 45 CM × 65 M.
- **Informações técnicas, como verde, maduro, etc.:** por exemplo, ABACAXI PEROLA G,[1] PESO MEDIO 1,8 KG CASCA VERDE.
- **Cor, ponto de maturação, congelado, resfriado:** por exemplo, SALMAO PREMIUM FRESCO EVISCERADO RESFRIADO 10/12.

Em resumo, os procedimentos para um cadastro inteligente de itens são os descritos a seguir.

- Listar todos os materiais utilizados no empreendimento utilizando uma planilha eletrônica. Essa planilha deve ter colunas para a categoria, a subcategoria, a descrição do produto e a embalagem. A primeira coluna deve ser em branco, para a posterior inserção dos códigos.
- Verificar a categoria e a subcategoria em que cada material se encaixa, de acordo com suas especificações.
- Analisar as variações de embalagens que os materiais terão, como embalagem de compra, embalagem de estoque, embalagem de produção e embalagens de venda.
- Inserir os cadastros já revisados e selecionados no sistema de gestão, caso haja, levando sempre em consideração o limite de caracteres.

---

[1] O "G" indica que o abacaxi deve ser graúdo. No capítulo 2, foi apresentada a classificação comercial que os abacaxis recebem em função de seu tamanho, e essa classificação utiliza a letra "A" para o produto graúdo, a letra "B" para o produto médio e a letra "C" para o produto miúdo (ver página 32). O uso, aqui, da letra "G" (e não da letra "A") se deve ao fato de estarmos mostrando a especificação do abacaxi que o estabelecimento compra. Ou seja, o conjunto de características que ele deve ter para ser aceito, no processo de recebimento, como um produto em conformidade com o exigido pelo estabelecimento. As letras "A", "B" e "C" apresentadas no capítulo 2 são classificações de caráter comercial, para realizar a cotação do abacaxi.

CÓDIGO DE MATÉRIA--PRIMA	CATEGORIA	SUBCATEGORIA	DESCRIÇÃO DO PRODUTO	EMBALAGEM
105001	BEBIDAS	AGUAS	AGUA MINERAL PET SEM GAS 500 ML	6 x 500 ML
105002	BEBIDAS	AGUAS	AGUA MINERAL VD COM GAS 300 ML	12 x 300 ML
106010	BEBIDAS	CHOPP E CERVEJA	CHOPP (MARCA) BARRIL 50 L	BARRIL 50 L
106011	BEBIDAS	CHOPP E CERVEJA	CERVEJA (MARCA) LATA 350 ML	12 x 350 ML
107120	BEBIDAS	DESTILADOS	WHISKY (MARCA) 1 L	1 L
107121	BEBIDAS	DESTILADOS	VODKA (MARCA) 900 ML	GF 900 ML
108200	BEBIDAS	REFRIGERANTES	(MARCA) (SABOR) LATA 350 ML	6 x 350 ML
108201	BEBIDAS	REFRIGERANTES	(MARCA) (SABOR) PET 2 L	6 x 2 L
103002	CARNES E AVES	AVE	PEITO FRANGO SEM OSSO SEM PELE CONG	CAIXA KG
103003	CARNES E AVES	AVE	SASSAMI CONG	CAIXA KG
101001	CARNES E AVES	BOVINA	PICANHA ANGUS CONG	CAIXA KG
101005	CARNES E AVES	BOVINA	FILE MIGNON SEM CORDAO 3/4	CAIXA KG
106000	CARNES E AVES	CAPRINA	PALETA CAPRINA CONG	CAIXA KG
106001	CARNES E AVES	CAPRINA	PERNA CAPRINA CONG	CAIXA KG
107000	CARNES E AVES	SUINA	LOMBO SUINO CONG	CAIXA KG
107001	CARNES E AVES	SUINA	PERNIL COM OSSO CONG	CAIXA KG

Figura 5.5 | Modelo de cadastro de matéria-prima.

Associar o cadastro às fichas técnicas via sistemas de automação

Como dissemos anteriormente, temos no mercado diversos *softwares* de gestão, os chamados ERP, que prometem otimização do tempo de execução das atividades, redução de custos, aumento da produtividade, dinamismo e segurança das informações e, consequentemente, uma gestão mais eficiente.

Um ERP pode centralizar as informações relativas aos assuntos administrativos, gerenciais e operacionais do negócio. Como o trabalho é feito com a mesma base de dados, o gestor consegue obter uma visão mais ampla do empreendimento.

Normalmente, esses sistemas integrados gerenciam os setores de compra, estoque, produção, venda, fluxo de caixa, contas a pagar, entre outros.

Na área de compras, os ganhos são bem significativos, pois é possível manter registros e controles de fornecedores, materiais, cotações, preços negociados, consumo e especificações de produtos, entre outros benefícios.

Se considerarmos um cadastro de itens efetuado com todas as informações e os cuidados que citamos, poderemos aproveitar esses dados e implementá-los nas fichas técnicas, para que todas as informações que nelas são inseridas sejam atualizadas automaticamente, como preços, rendimentos, CMV, margem de contribuição, etc.

Nunca é demais lembrar que, quando podemos medir uma coisa, podemos gerenciá-la, e essa premissa é importante para qualquer negócio.

Uma outra vantagem da utilização de fichas técnicas vinculadas ao cadastro de itens diz respeito à área de produção: com esse recurso, é possível haver um planejamento mais eficiente, pois, se soubermos quanto produziremos ou quanto venderemos, utilizando-se dessa ferramenta, facilmente poderemos ter a informação do que será necessário para atender à demanda.

A figura 5.6 apresenta um exemplo de ficha que utiliza o cadastro de itens.

Código de produto de venda	Descrição do produto de venda	Unidade do produto de venda	Código da matéria-prima	Descrição da matéria-prima	Unidade da matéria-prima	Quant. utilizada	Custo unitário	Custo total
302001	CHEESE BURGER	UND	102000	PAO DE HAMBURGUER 60 G PCT C/ 6 UND	UND	1,00	0,95	0,95
			101000	HAMBURGUER DE CARNE BOVINA 140 G CX C/ 36 UND	UND	1,00	2,15	2,15
			104000	QUEIJO PRATO PROCESSADO FATIADO PCT C/ 192 FATIAS	UND	2,00	0,32	0,64
							CUSTO TOTAL	3,74
							PREÇO DE VENDA	19,00
							CMV	19,66%

Figura 5.6 | Ficha técnica que utiliza o cadastro de itens.
Fonte: Alves (2018).

CASO 16 – LIMPANDO "LIXO" DE CADASTRO PARA GERENCIAMENTO DE MATÉRIAS-PRIMAS

Estabelecimento
Hotel localizado no interior do estado de São Paulo.

Cenário encontrado
O estabelecimento não conseguia emitir relatórios de consumo para realizar negociações, como curva ABC de compras, e gerenciar o estoque de matéria-prima por meio da curva ABC de estoque.

A causa era o "lixo" de cadastros. Para um único produto, havia mais de um cadastro. O motivo mais comum para a existência de "lixo" de cadastros está no fato de que, normalmente, a pessoa que autoriza a criação de um novo item é a mesma a executar a tarefa. Faltam procedimentos e critérios para a criação de um novo item, como uma pesquisa anterior do que já se tem cadastrado.

Encaminhamento e soluções
Foram reunidos os responsáveis pelo estoque, pela cozinha e pela confeitaria para discutir a utilização de cada produto e, assim, estabelecer as especificações funcionais deles (a fim de haver elementos de identificação para o posterior cadastro). Também se avaliou o rendimento de cada marca utilizada. A partir daí, foram definidas as marcas aprovadas.

Após a definição da descrição correta de cada produto cadastrado, foi realizado um trabalho árduo, porém necessário, de alteração de algumas descrições e de inativação de alguns códigos já criados.

A figura a seguir mostra uma comparação entre alguns materiais cadastrados pelo modelo anterior e o cadastro refeito de forma correta.

"LIXO" DE CADASTROS	CADASTROS REFEITOS
ACUCAR REFINADO GRAN PREMIUM 1 KG	ACUCAR REFINADO 1 KG
ACUCAR REFINADO MARCA X 1 KG	ACUCAR REFINADO 1 KG
ACUCAR REFINADO MARCA Y 1 KG	ACUCAR REFINADO 1 KG
BUCHO CONGELADO	BUCHO INTEIRO CONGELADO
BUCHO CONGELADO	BUCHO INTEIRO CONGELADO
CONTRAFILE	CONTRAFILE SEM NOIX CONGELADO
CONTRAFILE COM NOIX PECA A VACUO RESFRIADA OU CONGELADA	CONTRAFILE COM NOIX CONGELADO
CONTRAFILE SEM NOIX	CONTRAFILE SEM NOIX CONGELADO

Comparativo de cadastros. À esquerda, "lixo" de cadastros inadequados; à direita, cadastro correto.

O próximo passo foi utilizar esse cadastro mais enxuto e mais correto, categorizar conforme grupos, realizar a lista de materiais utilizados pelo negócio e aplicá-la nas cotações e compras, bem como nas fichas técnicas.

Resultados

Após muitos dias de trabalho de limpeza de cadastro, de um total de 4.257 cadastros, 1.252 foram desativados; 3.005 foram revisados e reescritos corretamente.

RESPONSABILIDADES

Ter responsabilidade é poder responder pelas ações, atitudes ou escolhas que a pessoa que assumiu essa responsabilidade terá que fazer, seja para ela mesma ou para uma outra pessoa.

No mercado de trabalho, ter responsabilidade é algo apreciado, procurado e, muitas vezes, bem remunerado. O importante é que o empreendedor perceba se seu colaborador tem realmente a responsabilidade requerida ou se está apenas repassando, muitas vezes, uma responsabilidade que seria dele para uma pessoa que não possui condições reais de assumir tal tarefa.

Nossa experiência mostra que é comum a função de comprar ser atribuída a profissionais que não têm o perfil para tal. Eles a recebem por estarem há muito tempo na empresa ou porque na empresa não há ninguém que desempenhe essa tarefa.

Em um estabelecimento com que trabalhamos, encontramos a situação na qual o cozinheiro era o responsável pelo cardápio do negócio, incluindo a tarefa de comprar todas as carnes que utilizaria nesse cardápio. Ele tinha a autorização do dono do negócio para realizar as aquisições em um açougue próximo ao estabelecimento e trazer o que fosse necessário. Claro, não precisamos reforçar que o empreendimento não tinha controle algum sobre o que era comprado, quanto se pagava e o destino exato das compras efetuadas no açougue. A saladeira era responsável pelas compras de hortifrúti, diretamente do caminhão do fornecedor.

É preciso compreender que muitas pessoas não sabem negociar, não só no trabalho como também no aspecto pessoal. Por não saberem como lidar em uma negociação, acabam impondo suas vontades ou cedem facilmente às propostas oferecidas.

Assim, o empreendedor deve ter a sensibilidade de descobrir talentos ou de desenvolver habilidades entre seus colaboradores, identificando aqueles que apresentem pendor para a negociação. Caso não encontre, que busque no mercado um profissional adequado para essa função e para essa responsabilidade.

Todo empreendedor necessita ter a consciência de que a aquisição de produtos ou serviços é uma forma de movimentar seu dinheiro; que essa função pode trazer ou não uma maior lucratividade para o negócio.

A figura 5.7 apresenta os principais objetivos da função de comprar.

Figura 5.7 | Objetivos de compra.
Fonte: Alves (2018).

Os elementos da figura 5.7 podem ser explicados conforme a seguir.

- **Produto correto:** comprar exatamente o que o setor operacional definiu por meio da especificação.
- **Qualidade exigida:** sempre buscar, dentro da especificação exigida, a melhor qualidade ao menor custo.
- **Melhor preço:** nas opções de fornecedores que o mercado oferece, pagar o melhor preço possível, sempre lembrando que o preço influenciará diretamente o custo do produto final e, claro, a margem de contribuição que será obtida.
- **Tempo certo:** adquirir sempre na data correta, para evitar falta de matéria-prima ou estoques altos desnecessários.
- **Fornecedor adequado:** pesquisar o mercado fornecedor dos materiais solicitados e tentar buscar sempre os produtores. Na ausência destes, os melhores distribuidores, tendo em mente o objetivo de obter a melhor qualidade ao menor custo.

Para realizar uma boa negociação e assumir a responsabilidade de obter o melhor resultado dela, é necessário utilizar estratégias. Não devemos iniciar uma negociação sem que haja uma estratégia para ela. E, nesse processo, a segurança alimentar sempre será prioridade, afinal lidamos com a saúde dos nossos clientes.

As habilidades para a ação de negociar envolvem características individuais, como aptidão, competência, astúcia, engenhosidade, talento, sutileza, bom senso, concentração, observação, comunicação, entre outras. Assim, a escolha pelo responsável precisa ser criteriosa; não deve se dar apenas porque determinado profissional é mais antigo na casa ou porque tem tempo disponível para realizar a tarefa.

O perfil de um profissional encarregado de realizar negociações precisa incluir a atuação ética e o modo como se relacionará com os fornecedores, pois podem existir certos relacionamentos dentro e fora dos negócios com potencial para impactar os resultados das negociações. Em nosso exemplo citado, não sabemos exatamente se o cozinheiro, que era responsável pelas compras de carnes, tinha – ou não – certa amizade com o proprietário, o que poderia facilitar benefícios particulares pela compra apenas naquele açougue.

O tema da negociação será mais explorado mais à frente (ver página 118). O que queremos ressaltar, neste momento, são as responsabilidades e os perfis para as atividades-chave nas compras em um negócio de A&B.

CASO 17 – RESPONSABILIDADE DE COMPRAR

Estabelecimento
Rede de restaurantes, com unidades na cidade de São Paulo.

Cenário encontrado
O setor de compras dispunha de três pessoas (uma gerente de compras e dois compradores).

A gerente estava no empreendimento havia algum tempo e conhecia bastante o negócio, porém lhe faltava experiência em outras empresas. Os dois compradores tinham vindo do mercado, mas de áreas diversas: um deles, a de peças automotivas; o outro, a de medicamentos.

Apesar de seu conhecimento do negócio, a gerente não tinha *expertise* de mercado, razão pela qual não conseguia implementar controles básicos necessários, como análise da curva ABC, estratégias de negociação, acompanhamento da evolução dos preços, entre outras ações.

Os compradores, por não compreenderem o mercado alimentício, não sabiam negociar com fundamentos e acabavam acatando o que os fornecedores falavam. Muitas vezes, pagavam mais caro por um produto (por terem ouvido que a safra estava ruim ou que tal marca estava em falta, havendo apenas uma outra e de preço mais elevado).

Em suma, o setor de compras era ineficiente. Seus integrantes atuavam basicamente como passadores de pedidos, sem a análise correta de quantidades solicitadas, especificações de produtos e preços pagos.

Encaminhamento e soluções
O proprietário solicitou que a gerente de compras não fosse dispensada, pelo tempo de casa e pela confiança. Pediu que buscássemos aprimorar seu trabalho, orientando-a quanto a métodos atualizados de compras que ela pudesse implementar na empresa. Após alguns meses, a gerente conseguiu realizar alguns controles e implantar ferramentas de gestão de compras, o que trouxe não apenas um melhor resultado para a empresa como para ela mesma, pois conseguiu uma promoção, após mostrar os excelentes resultados de seu setor.

Um dos compradores solicitou a dispensa, por perceber que não queria desenvolver o conhecimento necessário que a empresa passaria a exigir. O outro comprador investiu em seu aprimoramento e passou a comprar não apenas o que já costumava ficar sob sua alçada como também os itens anteriormente sob cuidado do colaborador que tinha saído.

Resultados
O setor de compras ficou com apenas duas pessoas, com atuação mais eficiente e mais eficaz, trazendo melhores resultados para o negócio, incluindo a redução de CMV e, consequentemente, o aumento da lucratividade.

CRONOGRAMA DE COMPRAS

De forma simplificada, podemos afirmar que cronograma é uma ferramenta de gestão de ações, atividades ou tarefas que contempla o tempo em que elas deverão ocorrer. É de grande importância, pois ajuda a visualizar facilmente e a controlar as atividades a serem executadas.

Quando implementamos o conceito de cronograma em compras, estamos falando de oferecer a informação sobre quando comprar e quando receber, para que, com esse conhecimento, o solicitante possa calcular sua necessidade de forma mais simples.

Um cronograma de compras pode trazer vários benefícios, como os citados a seguir.

- Em caso de empreendimento com mais de uma unidade ou loja, possibilidade de unificação das datas das compras, o que pode representar maior poder de compra, eficiência do tempo e diminuição de preços.
- Redução do nível de estoque, visto que o solicitante conhece as datas em que poderá solicitar e receber as mercadorias necessárias.
- Redução de possíveis custos de fretes extras, quando, na negociação de entrega com os fornecedores, o empreendimento se adequar aos melhores dias da grade do fornecedor.
- Adequação das entregas durante a semana, para não sobrecarregar um dia específico apenas, propiciando um recebimento mais criterioso e evitando desvios na quantidade recebida provocados por falta de tempo na conferência.
- Melhora do fluxo de caixa do empreendimento, pela melhor dispersão das entregas e, consequentemente, dos pagamentos que serão efetuados.

A falta de um cronograma sobrecarrega o setor de compras, que acaba efetuando as aquisições de todos os produtos em qualquer dia, a qualquer momento. Essa situação, além de prejudicar a eficiência do setor e acabar estressando os profissionais encarregados da tarefa, cria um ambiente ruim entre compras, recebimento, almoxarifado e produção, que acabam defendendo, cada um, sua real necessidade de trabalho.

CASO 18 – IMPLANTAÇÃO DE UM CRONOGRAMA DE COMPRAS

Estabelecimento
Rede de restaurantes, com unidades na cidade de São Paulo.

Cenário encontrado
As compras eram descentralizadas, ou seja, cada uma das cinco unidades da rede efetuava sua negociação e sua compra com os fornecedores cadastrados. O trabalho da consultoria, entre várias ações, consistia em redução de custos e centralização das compras, pois o cliente gostaria de abrir mais unidades e sabia que a forma como vinha atuando não era a adequada e o fazia perder competitividade de mercado.

Encaminhamento e soluções
A primeira ação a ser implementada foi a criação do cronograma de compras. Todos os fornecedores foram chamados para ser informados da centralização das compras e para que conhecêssemos suas grades de entrega. A maioria afirmou que, se conseguíssemos centralizar as compras em uma mesma data para todas as unidades, os preços seriam reduzidos, pois haveria menos custos de transporte.

Um mesmo cronograma de compras foi, então, implementado em todas as unidades. Assim, todas poderiam ter a data de solicitação das compras e a data de entrega das mercadorias que seriam solicitadas. Nas unidades, os gerentes que eram os solicitantes tinham conhecimento das possibilidades de entrega de que dispunham e acabavam calculando melhor suas compras, reduzindo o estoque de produtos. No setor de compras, o comprador consolidava todos os volumes solicitados, aumentando seu poder de negociação com os fornecedores. Já para os estoquistas (os responsáveis por receber as mercadorias), o conhecimento do que seria recebido e a redução de entregas em um único período possibilitavam conferências mais criteriosas dos produtos que chegavam.

Resultados
Redução de preços e do nível de estoque, melhora no recebimento de mercadorias, diminuição dos desperdícios e, por fim, melhora do fluxo de pagamento da empresa.

Utilização do cronograma

CRONOGRAMA DE COMPRAS

Dia da semana	Grupo	Subgrupo	Entrega	Próxima entrega
Segunda-feira	MERCEARIA	PRODUTOS ORIENTAIS/MASSAS	QUARTA	SABADO
	MERCEARIA	PRODUTOS ORIENTAIS (SHOYU/NORI/OVAS)	QUARTA	SEXTA
	SOBREMESAS	SORVETES	QUINTA	PROX QUINTA
	HORTIFRUTI	HORTIFRUTI	QUARTA	QUINTA
	PEIXES E FRUTOS DO MAR	PEIXES	QUARTA	QUINTA
	HORTIFRUTI	CONGELADOS	QUARTA	PROX QUARTA
	MERCEARIA	OUTRAS MERCEARIAS/MERCEARIA FUNCIONARIO	QUARTA	PROX QUARTA
	HORTIFRUTI	EDAMAME	QUARTA	PROX QUARTA
	REFEICAO DE FUNCIONARIOS	CARNES PARA FUNCIONARIOS	QUARTA	PROX QUARTA
Terça-feira	BEBIDAS	CERVEJAS	QUINTA	PROX QUINTA
	FRIOS E LATICINIOS	CREAM CHEESE	SEXTA	PROX SEXTA
	BEBIDAS	SAQUE	QUINTA	PROX QUINTA
	EMBALAGENS, DESCARTAVEIS E LIMPEZA	PANO DESCARTAVEL	QUINTA	PROX QUINTA
	HORTIFRUTI	HORTIFRUTI	QUINTA	SEXTA
	PEIXES E FRUTOS DO MAR	PEIXES	QUINTA	SEXTA
	MERCEARIA	CAFE	SEGUNDA	PROX SEGUNDA
Quarta-feira	BEBIDAS	REFRIGERANTE	SEXTA	TERCA
	HORTIFRUTI	SHIMEJI	SEXTA	TERCA
	MERCEARIA	PRODUTOS ORIENTAIS (SHOYU/NORI/OVAS)	SEXTA	QUARTA
	EMBALAGENS, DESCARTAVEIS E LIMPEZA	EMBALAGENS, DESCARTAVEIS E LIMPEZA	SEXTA	TERCA
	MERCEARIA	PRODUTOS ORIENTAIS (TEMPEROS)	SEXTA	TERCA
	HORTIFRUTI	HORTIFRUTI	SEXTA	SABADO
	HORTIFRUTI	GENGIBRE/LICHIA	SEXTA	PROX SEXTA
	PEIXES E FRUTOS DO MAR	PEIXES	SEXTA	SEGUNDA
	PEIXES E FRUTOS DO MAR	FRUTOS DO MAR	SEXTA	PROX SEXTA
Quinta-feira	MERCEARIA	PRODUTOS ORIENTAIS/MASSAS	SABADO	QUARTA
	EMBALAGENS, DESCARTAVEIS E LIMPEZA	PRODUTOS DE HIGIENE PARA CLIENTES	TERCA	PROX TERCA
	HORTIFRUTI	HORTIFRUTI	SABADO	SEGUNDA
	HORTIFRUTI	HORTIFRUTI	SEGUNDA	TERCA
	PEIXES E FRUTOS DO MAR	PEIXES	SEGUNDA	TERCA
	BEBIDAS	DESTILADOS	SEGUNDA	PROX SEGUNDA

(cont.)

CRONOGRAMA DE COMPRAS				
Dia da semana	Grupo	Subgrupo	Entrega	Próxima entrega
Sexta-feira	BEBIDAS	REFRIGERANTES	TERCA	SEXTA
	HORTIFRUTI	SHIMEJI	TERCA	SEXTA
	EMBALAGENS, DESCARTAVEIS E LIMPEZA	EMBALAGENS, DESCARTAVEIS E LIMPEZA	TERCA	SEXTA
	MERCEARIA	PRODUTOS ORIENTAIS (TEMPEROS)	TERCA	SEXTA
	HORTIFRUTI	HORTIFRUTI	TERCA	QUARTA
	PEIXES E FRUTOS DO MAR	PEIXES	TERCA	QUARTA

Figura 5.8 | Modelo de cronograma de compras (restaurante oriental).

O exemplo apresentado na figura 5.8 mostra como o cronograma deve ser utilizado. Para cada dia da semana, temos a lista de itens a serem solicitados naquela data. De acordo com esse exemplo, na segunda-feira o solicitante deverá enviar sua requisição de compras de hortifrúti, sabendo que ele receberá o pedido na quarta-feira e que a próxima entrega possível que terá desse grupo de produtos será na quinta. Com isso, ele saberá que a quantidade a adquirir será para a necessidade de quarta-feira e o pré-preparo de quinta, apenas. Dessa forma, evitará solicitar quantidades a mais e que poderiam gerar desperdícios. Na terça-feira, o solicitante poderá também requisitar hortifrúti, com entrega para a quinta-feira e o conhecimento de que na sexta-feira também poderá haver entrega. Na segunda-feira, ainda, vemos o grupo "Sobremesas", e ele fará sua requisição com entrega prevista para a quinta-feira, sabendo que a próxima entrega será somente na outra semana. Ou seja, ele deverá solicitar mercadorias suficientes para esse período todo, pois provavelmente o fornecedor entrega apenas uma vez por semana (às quintas-feiras).

Como vimos, a utilização do cronograma de compras é simples e eficiente. Essa ferramenta, ao proporcionar uma melhor gestão das requisições de mercadorias, permite aumento da lucratividade do empreendimento.

O QUE E COMO NEGOCIAR

Em negociação, há dois importantes aspectos que precisam ser sempre levados em conta: quando pensamos em negociar algo, podemos negociar apenas o preço que pagaremos; e devemos lembrar o velho ditado de que "o barato pode sair caro". Ou seja, nem sempre, ao chegarmos ao menor preço em uma cotação, teremos o melhor produto.

O fator preço sempre terá importância crucial nas negociações, afinal de contas, em empreendimentos de A&B, as compras de materiais e serviços representam em média de 30% a 40% do faturamento, mas existem outros fatores que acabam direta ou indiretamente influindo nos custos.

Assim, em uma negociação, são importantes as medidas apresentadas a seguir.

- Conhecer a especificação da mercadoria conforme a necessidade.
- Realizar cotações com diversos fornecedores, para saber qual o melhor preço possível da mercadoria que precisa ser adquirida.
- Incluir a possibilidade de terceirizar a produção de um produto, bem como a execução de um serviço.
- Conhecer os dias de entrega dos fornecedores, pois o custo de frete ou transporte normalmente está embutido nos preços de venda. Alves (2018) afirma que muitas vezes a redução de custos ocorre quando, em uma negociação, descobrimos que, se nossa entrega se enquadrasse na grade do fornecedor, o custo de transporte poderia ser eliminado, pois estaríamos arcando com ele pelo simples fato de exigirmos a entrega em um dia específico da semana. Assim, o assunto "frete" deve ser trazido para a negociação, pois pode gerar redução de custo (não diretamente por um desconto que o fornecedor poderia dar, mas pelo fato de poder ser eliminado).
- Conhecer os horários de entrega dos fornecedores, levando em conta a região na qual o empreendimento está localizado.
- Acertar o prazo de pagamento de acordo com a realidade do empreendimento. Quando vendemos nosso produto final ao cliente, muitas vezes efetuamos essa venda por meio de cartão de crédito ou faturamos para pagamento futuro, o que gera alguns dias entre a venda e o efetivo recebimento do dinheiro (é o chamado prazo médio de recebimento). Em contrapartida, quando efetuamos nossas compras, negociamos para que o pagamento também seja efetuado em alguns dias, gerando alguns dias entre a compra e o efetivo pagamento. Segundo Alves (2018), quando esses dois prazos possuem o mesmo tempo, o dinheiro entra no caixa do empreendimento e, no mesmo momento, as contas com os fornecedores são pagas, o que seria ideal para o caixa da empresa. No entanto, nem sempre é possível atingir esse objetivo. Para contornar essa situação, o prazo de pagamento em uma compra pode ser negociado para que o fornecedor dê um prazo maior, facilitando ao empreendimento honrar seus compromissos sem pagamento de juros, por exemplo.

- Considerar, nos fatores que podem ser negociados, a validade dos produtos. Por exemplo, é necessário saber se o empreendimento conseguiria ou não trabalhar com um item congelado após seu descongelamento.
- Conhecer os métodos de trabalho do fornecedor. De nada adianta iniciar uma negociação se, por exemplo, precisamos comprar uma quantidade pequena de mercadoria e o fornecedor entrega apenas um grande volume. É comum pensar que, se comprarmos de uma indústria, pagaremos menos. Muitas vezes, isso é verdade, mas a indústria pode exigir que o volume de compra seja grande para o tamanho do estoque, para o prazo de utilização da mercadoria (ela acabaria vencendo) e para a capacidade do empreendimento de pagar por esse volume, entre outros fatores. Ainda nesse quesito, vale, então, considerar negociar a quantidade mínima de entrega, o que inclui a possibilidade de comprar uma caixa fechada de produto ou apenas uma quantidade inferior ao volume total da caixa, por exemplo. Adquirir quantidades mínimas determinadas pelo fornecedor influencia diretamente não apenas o volume do estoque, mas, também, o fluxo de caixa, afinal, entregas mais espaçadas geram pagamentos mais espaçados, podendo melhorar o fluxo de caixa do empreendimento.
- Ter à mão mais de uma opção de marca dos produtos, pois muitas vezes acabamos pagando mais caro por um item apenas por ser de determinada marca, enquanto uma outra, com a mesma qualidade, pode ser muito barata.
- Negociar multas para eventuais atrasos de entrega, a fim de evitar que o fornecedor dê prioridade a outros clientes em detrimento do nosso empreendimento.
- Estabelecer a forma de devolução ou de troca de mercadorias caso sejam entregues fora da especificação.
- Deixar claro o modo como o fornecedor deverá proceder com a informação e o abastecimento em caso de ruptura (falta) de mercadoria. Nem sempre o fornecedor fica sabendo que uma entrega não foi feita; ele toma conhecimento pelo próprio cliente, que tem de fazer compra de emergência em outro estabelecimento pagando preço maior. Assim, é preciso acertar, na negociação, como serão feitas comunicações sobre rupturas e quais serão os procedimentos em situações como essas. Entre esses procedimentos, por exemplo, está o reembolso em dinheiro ou em mercadoria, para compensar o valor pago a mais.
- Considerar o recebimento de bonificações. Segundo Alves (2018), bonificação se refere à remessa de produtos a um estabelecimento sem que haja cobrança por eles. Em um processo de negociação, as bonificações

podem estar vinculadas, por exemplo, a promoções realizadas, cotas atendidas de venda, fidelização de fornecedores, entre outros fatores. O recebimento de produtos bonificados faz com que o custo unitário desse produto diminua, atuando como uma espécie de desconto dado.
- Atentar-se para a periodicidade da negociação. Esse fator se refere ao prazo de fixação dos preços negociados que poderemos ter com os fornecedores. É preciso atentar para a sazonalidade dos produtos, a fim de evitar fixação de preços quando a tendência durante o período seja de baixa de preços. No mercado de alimentação, são comuns estas periodicidades:
  - para proteínas: quinzenal ou mensal;
  - para hortifrúti: quinzenal ou mensal;
  - para mercearia e estocáveis: mensal;
  - para embalagens, descartáveis e materiais de limpeza: anual;
  - para bebidas não alcoólicas (águas/refrigerantes): anual;
  - para bebidas alcoólicas: mensal.
- Incluir treinamento aos colaboradores. Por exemplo, o fornecedor pode treinar os funcionários de um negócio de A&B sobre como aquecer os salgados congelados que ele vende.
- Discutir o fornecimento de equipamentos (comodatos/manutenção), incluindo possíveis treinamentos. Por exemplo, para melhorar a exposição das bebidas.
- Estabelecer o fornecimento com contrato de parceria. Os contratos de parceria são caracterizados pela fidelização à marca do fornecedor, por meio do consumo do produto da marca com exclusividade ou da exposição da marca em cardápios, em uniformes ou como parte decorativa do salão. Nesses casos, as obrigações do fornecedor e os direitos do cliente devem estar bem definidos em contratos de parceria. São os contratos de *merchandising*.
- Estabelecer todos os aspectos de controle de qualidade no recebimento, como higiene de entregadores, uniformização, condição dos veículos, temperatura de recebimento dos alimentos perecíveis, etc.
- Autorizar visita técnica ao fornecedor, para conhecer melhor as condições de higiene da produção.
- Esclarecer todas as dúvidas sobre atendimento pós-venda: emergências, erros na emissão de nota fiscal, prorrogação de pagamentos, etc.

Como vimos, existem diversos fatores que, ao serem incluídos na negociação, podem trazer ganhos significativos ao empreendimento.

Conduzindo a negociação

Existem vários materiais existentes no mercado que ensinam como negociar e a melhor forma de obter um resultado positivo nas negociações.

Apresentamos aqui um resumo com base em nossa experiência.

- **1ª fase: preparar os dados para a negociação.** Nunca devemos ir a uma reunião de negociação sem estar com todas as informações que serão úteis:
    - Quais são os produtos que serão negociados?
    - Qual foi o volume adquirido nos últimos doze meses?
    - Como os preços se comportaram nesse período?
    - Quais são as metas financeiras? Qual é nosso limite para aceitar a melhor alternativa?
    - Existem outros fornecedores?
    - Os preços do mercado e dos concorrentes foram pesquisados?
    Uma ação bastante útil é reservar um caderno para anotação de assuntos pertinentes somente às reuniões e a cada uma delas fazer uma pequena ata com os seguintes dados: data da reunião, participantes e cargos; temas abordados; pendências para a reunião seguinte e os respectivos responsáveis.
- **2ª fase: discutir as propostas apresentadas pelos fornecedores.** Devemos ouvir com paciência tudo o que o fornecedor tem a oferecer, para então preparar a contraproposta. Essa contraproposta poderá ser apresentada em data futura, caso haja necessidade. Importante é não ter pressa!
- **3ª fase: apresentar a contraproposta.** Devemos executar esta etapa prontos para ouvir o que o fornecedor tem a dizer. A negociação deve ser feita sempre utilizando as expressões "Se...", "Então...". Esses termos são padrão em negociação. Devemos usar o "Se" para apresentar propostas; o "Então", quando estivermos preparados para barganhar.
- **4ª fase: barganhar, ou seja, negociar por meio de trocas.** Na negociação, é válido sempre perguntar para si mesmo: quanto vale o que o fornecedor está oferecendo? As propostas devem ser razoáveis, viáveis e beneficiar as duas partes.

Não existe um modelo único das fases ou da forma como devemos negociar, pois cada negociação terá sua particularidade, e, para cada negociação, deverá ser montada uma estratégia – e esta, para ser bem executada, deverá envolver as habilidades do comprador e as técnicas apresentadas neste capítulo.

PREVISÃO DE COMPRAS

Os colaboradores de um negócio de A&B envolvidos na tarefa de comprar precisam compreender e dominar todo o processo de aquisição, evitando prejuízos decorrentes da compra de itens mais caros, ou em quantidade menor ou maior que a necessária.

Um processo de previsão de compras bem-sucedido envolve os seguintes fatores: calcular a demanda, planejar e controlar a produção (operações) e acompanhar a gestão do estoque.

Calcular a demanda

A primeira etapa para uma perfeita gestão da previsão de compras consiste em identificar o histórico das vendas dos produtos. Braga (2017) afirma que, quando o empreendimento de um negócio voltado à alimentação consegue consultar, com facilidade, a frequência, o faturamento e as vendas de cada produto a cada mês e saber quais eventos alteraram – para mais ou para menos – as vendas e os custos, o planejamento é muito mais preciso, possibilitando a tomada das melhores decisões.

A previsão de vendas é bastante apoiada pela curva ABC. Em nossa experiência, temos o caso de um gerente de A&B que, consultando a curva ABC de vendas, notou que nos últimos meses havia comercializado, em média, apenas 2 sanduíches de ciabatta por mês. Ao fazer cruzamento dessa informação com os dados de compra de ciabattas, espantou-se: o empreendimento comprava em torno de 60 unidades desse pão por mês. Neste caso, a solução foi excluir esse sanduíche do cardápio e eliminar o desperdício de compra.

Para casos de itens que, diferentemente da ciabatta do exemplo, precisam ser continuamente adquiridos, a projeção de vendas propiciada pela curva ABC auxilia no entendimento sobre o que deverá ser produzido e, portanto, comprado. Assim, com base nas fichas técnicas de planejamento (ver página 76), que contêm as matérias-primas e embalagens de cada produto de venda, é possível planejar a compra.

Claro que a previsão de vendas pode variar de acordo com o tipo de negócio ou com a sazonalidade dos produtos vendidos. É preciso considerar fatores como feriados, alterações climáticas, dias de pagamento, por exemplo, capazes de impactar o resultado da demanda. Também é importante conhecer o perfil do cliente. Braga (2017) alerta para a entressafra de insumos, o que pode gerar a necessidade de alterar o cardápio em algumas épocas. As decisões de estocar ou não e de como estocar o insumo durante a entressafra sempre devem ser tomadas buscando a melhor lucratividade para o empreendimento.

Considerando todos esses aspectos, ao longo do tempo, o empreendimento vai reunindo cada mais vez informações sobre suas vendas, conseguindo realizar projeções mais acertadas.

Planejar e controlar a produção (operações)
Neste aspecto, a área operacional exerce o papel fundamental de garantir a exatidão das fichas técnicas de todos os produtos utilizados na produção. Caso seja percebida alguma divergência, a ficha deve ser corrigida antes da realização do cálculo de produção e, consequentemente, de compra.

Com a previsão da venda de produtos para um período, executa-se o cálculo das necessidades das quantidades de cada item, que nada mais é do que a soma de todas as matérias-primas que serão utilizadas naquele período de acordo com as informações de cada ficha técnica.

Aqui vale destacarmos a importância da utilização de ficha técnica com "explosão" de receita. Essa ferramenta facilita bastante o cálculo da necessidade de compra conforme a previsão de fabricação de determinado produto.

Acompanhar a gestão do estoque
Normalmente, todos os empreendimentos possuem um local disponível para estocar as mercadorias que serão utilizadas na produção.

O que precisamos ter em mente é a otimização desse estoque, ou seja, fazer com que menos mercadorias sejam armazenadas, pois estoque parado significa dinheiro parado. O estoque deverá sempre estar em rotatividade.

Além das quantidades necessárias às atividades do empreendimento, a gestão do estoque precisa considerar a quantidade de segurança, para fazer frente a fatores como falha na entrega por parte dos fornecedores, alteração na produção decorrente de um aumento de venda e alguma modificação abrupta no perfil do cliente, entre outros.

Figura 5.9 | Previsão de venda e compra.
Fonte: Alves (2018).

Importante também é a validade dos produtos, pois no momento de sua utilização pode-se descobrir que o que se imaginava como mercadoria disponível se tornou vencida, ou seja, o estoque se tornou zerado.

Esses e outros fatores que envolvem a gestão do estoque (ver capítulo 7, página 148) são determinantes para a elaboração do planejamento da compra.

Feitas essas considerações, o planejamento de uma compra acaba por consolidar todos os temas que foram abordados ao longo deste capítulo. Assim, toda aquisição consciente e organizada exige as seguintes ações (que devem estar em sintonia entre todos os colaboradores do empreendimento):

- especificar os produtos conforme a necessidade;
- definir as necessidades internas, classificando os produtos pela prioridade da curva ABC;
- manter o cadastro de matérias-primas limpo e organizado;
- analisar o mercado fornecedor, entendendo quais são os possíveis fornecedores, com quantos fornecedores haverá cotação por categoria, se são produtos de sazonalidade, se há quantidade mínima para entrega, se existe um faturamento mínimo, quais são as embalagens disponíveis dos produtos, etc.;
- verificar se o CMV está definido e qual o preço de venda do produto final;
- ter à mão preços pagos nas compras anteriores;
- definir o modelo de compra a ser adotado (por exemplo, se será compra recorrente, se consistirá em uma aquisição única, se será conforme a demanda pelo produto ou do serviço, quanto será necessário);
- estabelecer se a compra será realizada por meio de um contrato de fornecimento, firmando uma parceria com alguns fornecedores;
- estruturar o processo de cotação (se será realizado por planilhas eletrônicas ou por um sistema informatizado, se existe uma lista de cotação, quais serão as datas para finalizar a cotação e a compra, etc.).

Atentando-se a esses aspectos, torna-se mais fácil chegar ao objetivo da gestão de compras, segundo Alves (2018): comprar bem, para vender bem.

RECEBIMENTO

O processo de recebimento é tão importante quanto o de compra, pois, como afirma Fonseca (2014), a partir desse momento a mercadoria está diretamente sob os cuidados do estabelecimento; é o momento em que são conferidos o preço, as quantidades e a qualidade das matérias-primas de acordo com a nota fiscal.

Como vimos, o processo de compra se inicia com a definição dos produtos e das quantidades que deverão ser adquiridas, conforme a previsão de compras e a necessidade do estoque. Daí temos basicamente o processo de cotação, a análise da melhor proposta e o encerramento da negociação, com a emissão do pedido de compra. O pedido de compra é enviado ao fornecedor, que emite a nota fiscal e se prepara para a entrega da mercadoria.

Assim, a fase seguinte do fluxo de mercadorias consiste no recebimento, tema deste capítulo. Deveria ser uma tarefa simples de ser executada, mas o dia a dia mostra que diversos problemas e falhas ocorrem nessa etapa, transformando-a em um grande gerador de desperdícios e perdas financeiras ao empreendedor.

Os problemas mais encontrados no recebimento são:

- ausência de colaborador treinado e disponível para a tarefa;
- falta de planejamento para recebimento (por exemplo, caixas plásticas disponíveis e espaços para armazenamento nas prateleiras, nos *freezers* e nos refrigeradores);
- erro nos dados cadastrais do estabelecimento na nota fiscal emitida pelo fornecedor;
- divergência entre o preço negociado e o informado na nota fiscal;
- não conferência, por parte dos colaboradores, das quantidades e dos pesos entregues;
- problemas nas quantidades recebidas e informadas, quando conferidas;
- data de validade do produto entregue próxima do vencimento;
- não conformidade da especificação de produto em relação à necessidade e à solicitação;
- falta de equipamentos necessários para a conferência, como balanças, termômetros, calculadoras, pranchetas para apoio e até canetas.

Em nossa experiência, percebemos a falta de preparo dos funcionários que são envolvidos no processo de recebimento. Muitas vezes, a função é desempenhada por profissionais sem vivência no assunto ou sem um treinamento adequado. Além disso, em muitos estabelecimentos não existem procedimentos ou critérios para o ato de receber a mercadoria.

O processo para realizar um recebimento criterioso se constitui de várias fases, iniciando pela conferência dos dados cadastrais da nota fiscal, passando pela conferência (quantitativa e qualitativa) das mercadorias e finalizando no estoque.

ROTINAS BÁSICAS E IMPORTANTES

Para facilitar todo o processo, é muito útil estabelecer um acordo com os fornecedores a respeito de regras básicas em caso de divergência no recebimento. Assim, devem ser negociados e acertados temas como devolução parcial, troca de produtos, percentuais aceitáveis de variação de pesos e preços (caso de valores pagos em dólar, por exemplo). Esses acordos precisam estar bem claros a todos no setor de recebimento, para que não haja dúvidas quando os colaboradores tiverem de tomar uma decisão sobre devolver alguma mercadoria, agilizando o fluxo de trabalho.

A figura 6.1 apresenta um roteiro básico para a criação de um procedimento de recebimento. Esse roteiro pode ser aplicado em qualquer negócio voltado à alimentação.

Determinar horários para o recebimento
O ideal é que o gestor do negócio de A&B determine horários específicos para o recebimento de mercadorias. O fornecedor deverá se adequar ao horário estabelecido e efetuar as entregas somente nesse período. Quando o fornecedor percebe que o empreendimento não tem horários específicos para essa tarefa, pode acabar tratando o estabelecimento sempre como uma não prioridade, acarretando situações como entregas no intervalo da equipe ou até deixando de realizar a entrega caso não tenha tido tempo de fazê-la após todas as outras efetuadas antes para outros clientes.

Estabelecer cronograma de entrega
Seguindo o que já falamos sobre o cronograma de compras, quando trabalhamos com um calendário de entrega, facilitamos a organização do espaço para a recepção e a conferência das mercadorias, otimizando tempo e mão de obra.

132 | Gestão de negócios de alimentação: casos e soluções

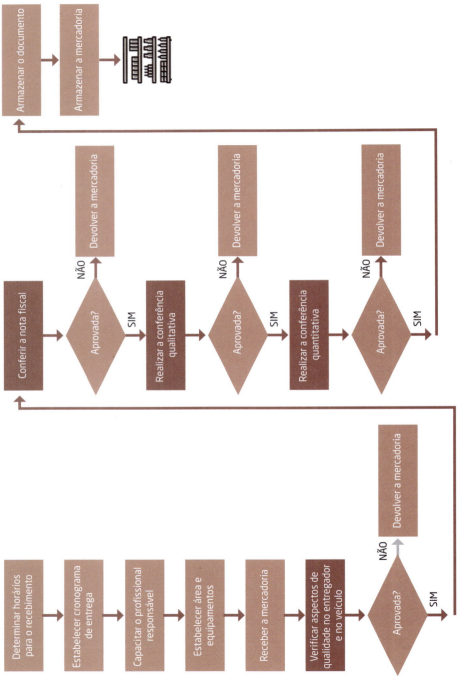

Figura 6.1 | Fluxograma de recebimento.

Capacitar o profissional responsável

O responsável pelo recebimento deve estar capacitado para exercer a função mesmo que tenha outras atribuições (o que é bem comum em alguns estabelecimentos). Esse responsável precisa conhecer as mercadorias e todas as suas especificações, bem como as exigências de qualidade para determinados produtos.

Em muitos empreendimentos, a equipe da cozinha fica encarregada de avaliar alguns produtos, como itens de hortifrúti, carnes e peixes, entre outras mercadorias, mas ressaltamos que esses profissionais analisarão padrão e qualidade e poderão não ser responsáveis pela verificação quantitativa dos produtos. Essa divisão de responsabilidades precisa estar bem clara, para evitar problemas.

Caso seja necessário, o gestor de A&B deve promover treinamentos constantes em sua equipe, a fim de que todos tenham o conhecimento demandado para o recebimento de mercadorias.

Estabelecer área e equipamentos

O ideal é que o estabelecimento destine uma área para o recebimento de mercadorias, na qual haja:

- balança, calculadora adequada e termômetro, pois sem essas três ferramentas não há garantia quantitativa e qualitativa das mercadorias recebidas. A balança deve ser continuamente verificada, para manter seu bom funcionamento, e o termômetro deve ser calibrado;
- espaço para a manipulação e o armazenamento de possíveis caixas, sujas e limpas, em que as mercadorias são entregues;
- bancadas específicas para realizar a transferência de determinadas mercadorias das caixas nas quais foram entregues para caixas plásticas adequadas ao armazenamento, em razão da segurança alimentar;
- espaço para lavagem, em água corrente, de mercadorias que, ao serem transferidas de caixas, precisam ficar livres de sujeira, insetos ou outros elementos que possam ameaçar a segurança alimentar na área de armazenagem.

Receber a mercadoria

O detalhamento desta etapa é apresentado mais à frente, neste capítulo (ver páginas 138 a 140). Em termos de fluxograma, a partir daqui procedemos à avaliação (qualitativa e quantitativa) da mercadoria e ao seu armazenamento.

Verificar aspectos de qualidade no entregador e no veículo
Quanto ao entregador, deve se sobressair a higiene:

- barba feita e cabelos aparados;
- uso de uniforme completo (identificado com o nome da empresa ou da transportadora) e limpo;
- uso de sapato fechado.

As entregas devem ser efetuadas em veículos adequados para o transporte de produtos alimentícios. No recebimento, é preciso ser rigoroso ao inspecionar aspectos como:

- estado de conservação (carrocerias íntegras, ausência de ferrugem);
- ausência de sujidade e pragas;
- isolamento térmico e sistema de refrigeração;
- carroceria fechada.

Podemos considerar uma devolução imediata da mercadoria nestes casos:

- veículo aberto ou sem proteção alguma;
- produtos resfriados ou congelados transportados em temperatura ambiente ou mesmo dentro de caixas de isopor;
- veículos que, mesmo em bom estado, estejam transportando produtos não alimentícios (por exemplo, pneus, itens de limpeza, produtos químicos) junto com os de A&B.

Conferir a nota fiscal
A primeira conferência a ser feita é a comparação da nota fiscal com o documento de compra, seja um pedido ou uma ordem de compra.

Os campos a serem conferidos são:

- nome do fornecedor e CNPJ com o pedido de compra;
- dados de faturamento da nota fiscal com dados do cliente (comprador);
- data de entrega com a data do pedido de compra;
- descrição dos produtos com o pedido de compra;
- quantidade dos produtos com o pedido de compra;
- preço da nota fiscal com o preço do pedido de compra;
- data de pagamento. Se constar como à vista, conferir com o comprador.

Devolução de mercadoria poderá ocorrer quando a entrega estiver fora do prazo de entrega determinado, o CNPJ de faturamento não conferir com o do estabelecimento ou, ainda, se diversos produtos ou valores se encontrarem divergentes dos constantes do pedido de compra. O canhoto não deve ser assinado nesses casos.

Realizar a conferência qualitativa

Segundo a Portaria CVS 5, de 09 de abril de 2013, do Centro de Vigilância Sanitária do estado de São Paulo, as embalagens de matérias-primas, ingredientes e alimentos industrializados ou prontos para consumo devem estar limpas e íntegras, e os dizeres de rotulagem devem ser conferidos. Ainda segundo a portaria, devem-se realizar avaliações qualitativas e sensoriais (cor, gosto, odor, aparência, textura, consistência) dos produtos de acordo com os padrões de identidade e qualidade definidos.

A verificação e a avaliação dos produtos na hora do recebimento são fundamentais, pois reclamações futuras nem sempre podem ser resolvidas. Quando assinamos o canhoto de alguma nota fiscal, estamos confirmando que todas as mercadorias estão sendo recebidas corretamente, dentro das quantidades descritas, com os preços acordados e, principalmente, com sua qualidade avaliada e aprovada.

A avaliação da qualidade dos produtos recebidos neste momento é o que pode garantir inicialmente a segurança alimentar que o estabelecimento precisa ter até a entrega do produto final ao cliente. Devemos sempre lembrar que estamos lidando com alimentos e que é nossa obrigação garantir que os clientes não tenham problemas no futuro.

Em relação à conferência qualitativa, Alves (2018) afirma que:

- caso haja mais de um fornecedor esperando a entrega, a prioridade de atendimento deve ser:
  - 1º: alimentos que necessitam de refrigeração;
  - 2º: alimentos que necessitam de congelamento;
  - 3º: itens de hortifrúti;
  - 4º: alimentos que são estocados em temperatura ambiente.
- devem ser utilizados estrados (*pallets*) para que os produtos não entrem em contato direto com o piso;

- o recebimento deve ser feito em área protegida de chuva e sol, limpa, bem iluminada e livre de pragas;
- se, no momento da vistoria das mercadorias, for encontrado algum produto com a data de validade ultrapassada ou próxima do vencimento, a devolução do produto deverá ser imediata;
- as embalagens devem estar intactas e ser adequadas a cada produto. Se for encontrada embalagem com furo, amassada ou com qualquer outro problema que possibilite a contaminação do produto, este deverá ser devolvido imediatamente;
- deve haver os selos dos órgãos de fiscalização na embalagem de produtos de origem animal (carnes bovinas, aves, pescados, mel, leite e derivados). Por exemplo, S.I.F. (o Serviço de Inspeção Federal, vinculado ao Departamento de Inspeção de Produtos de Origem Animal ou Dipoa) ou serviços de inspeção estaduais.

Sobre a temperatura

Por ser um ponto bastante delicado na segurança alimentar, a aferição da temperatura constitui um dos aspectos mais importantes no recebimento de mercadorias. As recomendações são as citadas a seguir.

- Em recebimento de produtos embalados em grandes volumes, fazer a medição em pelo menos dois pontos diferentes. Por exemplo, em 300 kg de produto, medir uma amostragem de 150 kg e fazer outra medição com o restante de 150 kg.
- Em caso de produtos embalados, realizar a medição encostando uma embalagem na outra, sem as perfurar. Nenhuma embalagem pode ser aberta ou perfurada.
- Após a aferição, armazenar os gêneros em local predeterminado, conforme procedimento de armazenagem do estabelecimento.
- Atentar para a temperatura orientada pelo fabricante na embalagem. Caso não seja possível atender a essa temperatura, devem-se seguir os critérios definidos pela responsável técnica ou nutricionista do empreendimento.

O quadro 6.1 apresenta as referências de temperatura conforme o Centro de Vigilância Sanitária do estado de São Paulo.

Quadro 6.1 | Temperaturas de recebimento.

Produtos congelados	-12 °C ou temperatura menor, ou conforme recomendação do fabricante.
Produtos refrigerados – pescados	De 2 °C a 3 °C, ou conforme recomendação do estabelecimento produtor.
Produtos refrigerados – carnes	De 4 °C a 7 °C, ou conforme recomendação do estabelecimento produtor.
Produtos refrigerados – demais produtos	De 4 °C a 10 °C, ou conforme recomendação do fabricante.
Produtos secos	22 °C, ou conforme recomendação do fabricante.
Embalagens	Conforme orientações do fabricante.

Fonte: Portaria CVS 5, de 09 de abril de 2013.

Em caso de dúvidas, o colaborador envolvido no recebimento deve procurar o profissional de nutrição, para ajudá-lo com mais informações.

Realizar a conferência quantitativa

Aprovada a qualidade, é hora de conferir a quantidade.

Para cada tipo de mercadoria recebida, deve haver uma forma de realizar o controle quantitativo, conforme a seguir.

- **Bebidas:** todas as bebidas devem ser contadas individualmente. Pode ocorrer de o entregador tentar auxiliar (para agilizar) o recebimento colocando caixas de garrafas umas sobre as outras, porém entre elas pode haver embalagens danificadas e falta de mercadorias, daí a necessidade da contagem individualizada.
- **Hortifrúti:** os produtos de hortifrúti devem ser todos pesados e conferidos na presença do entregador. Recomendamos retirar algumas amostras, para que o padrão de recebimento seja seguido. Se na entrega estiver faltando 0,5 kg de laranja, 1 melancia, 1 abacaxi, 1 kg de cebola, 1 kg de alface, por exemplo, essas faltas representarão muito prejuízo para o empreendimento.
- **Embalagem e material gráfico:** neste caso, embora a contagem seja inviável, é preciso avaliar a mercadoria recebida. Pacotes com determinado número de embalagens devem sempre ter o mesmo peso. Ou seja, a conferência de recebimento de embalagens se dá por pesagem.
- **Produtos com possível variação de peso:** para o recebimento de produtos como carnes, queijos ou outros que exijam a pesagem, a variação aceitável para recebimento é de no máximo 10% mais que o constante do pedido de compra.

Armazenar o documento

Estando tudo de acordo com os critérios de recebimento estabelecidos, deve-se realizar o procedimento de entrar com a nota fiscal no sistema disponível ou lançar os produtos recebidos em uma planilha eletrônica de controle existente. O trâmite do envio da nota fiscal deve seguir as regras do empreendimento.

Armazenar a mercadoria

O detalhamento desta etapa que finaliza o recebimento é apresentado no capítulo 7 (ver página 148).

COMO RECEBER CORRETAMENTE

Segundo Cruz e Pereira (2015), o recebimento, a conferência, a armazenagem e a saída de materiais são as operações rotineiras de um almoxarifado.

Como vimos, o recebimento não se resume a pedir para o motorista deixar a carga "no canto" e assinar o canhoto. Envolve várias etapas importantes para garantir que as mercadorias entrem de acordo com as regras e necessidades do empreendimento.

Existem duas únicas maneiras de realizar um recebimento:
- com prejuízo financeiro e sem qualidade;
- sem prejuízo financeiro e com qualidade.

Em nossa experiência, percebemos que o recebimento de mercadorias é um ponto vulnerável nos negócios, pois nem sempre os responsáveis dão a atenção necessária para essa fase do fluxo de materiais.

O gestor de A&B deve entender que, se por algum motivo a mercadoria não entrou ou entrou mas de forma errada, não sendo exatamente a que era necessária ou com algum problema de qualidade que posteriormente acarretará seu descarte, precisará realizar uma nova compra, reduzindo o lucro do negócio.

Conhecemos o caso de um dono de restaurante de uma praça de alimentação que estava indignado com o aumento de 30% do CMV do suco de laranja sem que tivesse havido um motivo para tal. Ele conversou com os demais proprietários na praça de alimentação, e nenhum deles relatou ter percebido esse aumento.

O proprietário decidiu, então, acompanhar o recebimento para tentar descobrir o que estava acontecendo.

Quando as laranjas chegaram, o entregador trouxe três sacos da fruta, e não três caixas, como de hábito. Ao ser questionado pelo proprietário, o entregador justificou que não havia caixa plástica disponível na empresa, razão pela qual eles estavam utilizando sacos.

O proprietário pediu que os três sacos fossem despejados em três caixas do restaurante. Para surpresa, encheram apenas duas caixas. Ou seja, o empreendimento estava recebendo 1/3 a menos do que o esperado. Não por acaso, o CMV havia subido cerca de 30%.

Esse relato mostra duas lições: a primeira, de que não devemos comprar produtos em sacos ou caixas sem definição de quantidade. É importante definir a quantidade em quilo ou em unidades. A segunda, de que é fundamental treinar o profissional recebedor para conferir a mercadoria, por peso ou por contagem. Se necessário, devemos acompanhar o trabalho de recebimento.

Aproveitando ainda esse episódio da entrega das laranjas, vamos acompanhar a seguir um raciocínio que mostra a importância de haver muita atenção ao recebimento de mercadoria.

- O copo de suco de laranja de 350 mL é vendido por R$ 8,00.
- Para preparar esse copo de suco de 350 mL, utilizam-se 800 g de laranja-pera.
- O quilo da laranja-pera custa R$ 2,00.
- Assim, o suco de laranja custa R$ 1,60 (R$ 2,00 kg × 0,800 kg), e a margem de contribuição do empreendedor por suco de laranja é de R$ 6,40 (R$ 8,00 - R$ 1,60).
- Ele vende, em média, 500 sucos de laranja por dia.
- Portanto, por dia, ele precisa comprar 400 kg de laranja (500 sucos × 0,800 kg por suco) e gasta R$ 800,00 (400 kg × R$ 2,00).
- Assim, o empreendedor tem um faturamento de R$ 4.000,00 (R$ 8,00 × 500) e uma margem de contribuição de R$ 3.200,00 (R$ 4.000,00 - R$ 800,00).
- Esse empreendedor não dá atenção ao recebimento e sempre pede para qualquer pessoa que esteja disponível efetuar o recebimento das mercadorias.

- Certo dia, o fornecedor deveria entregar os 400 kg de laranja-pera, porém ele entregou apenas 250 kg. O profissional que recebeu a mercadoria não realizou a conferência. A nota fiscal informava os 400 kg, e o empreendedor terá de pagar R$ 800,00 (400 kg × R$ 2,00) por essa compra.
- Bem, como estão faltando 150 kg para obter a quantidade necessária para os 500 sucos de laranja, o empreendedor terá de comprar mais 150 kg ao preço de R$ 2,00/kg e efetuar um pagamento extra de R$ 300,00 (150 kg × R$ 2,00).
- Somando os gastos com a compra de laranja-pera, temos o valor de R$ 800,00 (a primeira nota fiscal) + R$ 300,00 (a segunda nota) = R$ 1.100,00.
- Como o empreendedor fatura R$ 4.000,00 com a venda de 500 sucos de laranja por dia, nesse dia do recebimento sem critério seu custo foi de R$ 1.100,00.
- Para finalizar, a margem de contribuição, que deveria ser de R$ 3.200,00, nesse dia foi diminuída para R$ 2.900,00, ou seja, uma redução de quase 10%.

Assim, acompanhando esse exemplo, vimos que o empreendedor optou por ter um recebimento com prejuízo financeiro.

Para um recebimento sem prejuízo, reforçamos a seguir os pontos centrais para um procedimento sem erros.

- Ter sempre cópia dos pedidos de compra enviados aos fornecedores. Caso não haja cópia, providenciar um caderno com anotações das entregas que chegarão: informações de produto especificado, quantidade, fornecedor/fabricante, preços e outras observações importantes.
- Manter a área de recebimento organizada.
- Conferir sempre se a balança está funcionando adequadamente.
- Caso não haja nenhuma balança, providenciar a compra urgente. É preciso lembrar que o entregador está observando que não há conferência de peso.
- Verificar se os termômetros estão calibrados e funcionando adequadamente para checar a temperatura de carnes, queijos, iogurtes, congelados. etc.
- Não utilizar a calculadora do celular. É mais adequado ter uma destinada ao dia a dia do empreendimento.
- Nunca assinar o canhoto antes de terminar a conferência. Assinar o canhoto sem conferência é o mesmo que assinar um cheque em branco. Depois de assinado, não há o que fazer.
- Ter *pallets* e caixas vazias limpas, para transferência de mercadoria, e nunca os depositar no chão, lembrando que a contaminação dos alimentos interfere na qualidade e na validade deles.

CASO 19 – INCONSISTÊNCIAS NO RECEBIMENTO

Estabelecimento
Lanchonete localizada na cidade de São Paulo.

Cenário encontrado
O objetivo da consultoria era identificar os motivos do CMV alto.

Encaminhamento e soluções
A consultoria decidiu acompanhar o recebimento de uma das principais matérias-primas da lanchonete, a laranja-pera. Nesse dia, o pedido de compra era de 1.100 unidades da fruta, ao preço de R$ 0,15 cada uma.

Iniciou-se, então, o processo de conferência da mercadoria:

Consultora: "Pode me passar a nota fiscal?".

Entregador: "Já vou buscar".

A consultora começou a contagem das laranjas.

Entregador: "Vai ser conferido tudo? Vocês vão contar?".

Consultora: "Sim, vamos contar. Algum problema?".

Entregador: "Não, de jeito nenhum, mas não vai demorar muito?".

Consultora: "Não vai, mas, se for o caso, também não tem problema".

E assim o processo seguiu, com a consultora contando as laranjas de 4 em 4 unidades, colocando-as nas caixas plásticas do cliente e padronizando as quantidades em cada caixa.

Após a conferência, foram contadas 968 unidades, ou seja, faltavam 132 laranjas.

O segundo problema apareceu quando a nota fiscal foi entregue: o fornecedor havia faturado 1.100 unidades de laranja bahia, de preço mais elevado que a laranja-pera. O quadro a seguir mostra o prejuízo.

Processo	Produto	Unid.	Quantidade	Preço	Total
Pedido de compra	Laranja-pera rio	Unid.	1.100	R$ 0,15	R$ 165,00
Nota fiscal	Laranja bahia	Unid.	1.100	R$ 0,60	R$ 660,00
Produto entregue	Laranja-pera rio	Unid.	968		

Diferenças entre o pedido de compra e a mercadoria faturada e entregue.

Temos de considerar algumas diferenças entre o pedido de compra e o recebimento:

1ª) Diferença do preço unitário: R$ 0,60 - R$ 0,15 = R$ 0,45
   Valor pago a mais: 1.100 x R$ 0,45 = R$ 495,00

2ª) Diferença na quantidade entregue: 1.100 - 968 = 132 unidades
   Valor pago a mais: 132 x R$ 0,60 = R$ 79,20

Assim, podemos comprovar que, se não tivéssemos conferido o valor unitário cobrado, nosso prejuízo teria sido de R$ 495,00, e se não tivéssemos conferido as quantidades entregues, nosso prejuízo seria de R$ 79,20.

Após algumas análises nas notas fiscais anteriores, verificou-se que o fornecedor já vinha faturando laranja bahia e por valor sempre maior que o acordado.

As diferenças das notas anteriores foram negociadas com o fornecedor. A equipe de recebimento foi treinada.

Resultados

O empreendedor pôde ver que treinar a equipe é investimento e passou a acompanhar, ocasionalmente, o trabalho de recebimento, para verificar sua efetividade e evitar problemas.

O tamanho do prejuízo

Nossa experiência mostra que um recebimento sem gestão pode ser responsável por até 30% de prejuízo do total de compras de um negócio de A&B.

Um dos principais motivos, como vimos, é a falta de conferência da especificação e da quantidade conforme definidas com a área de operação. Outros problemas, não menos importantes, são apresentados no quadro 6.2, no qual também apontamos sugestões para solução. São medidas que evitam que o recebimento de mercadorias se transforme em um ralo da lucratividade.

Quadro 6.2 | Problemas e soluções no processo de recebimento.

Exemplos de motivos frequentes de prejuízo	Exemplos de procedimento errado	Sugestões de solução (para o gestor de A&B)
Falta de especificação funcional	O fornecedor entrega laranjas grandes e de casca grossa para sucos.	Fazer a especificação; realizar treinamento do recebedor em relação ao produto; acompanhar; auditar.
Falta de pesagem de itens hortifrúti adquiridos por quilo	O recebedor não realiza a pesagem de produtos que chegam de madrugada ou em quantidade muito grande.	Colocar uma balança perfeitamente calibrada na área de recebimento e proibir assinatura de canhoto sem pesagem.
Quantidade incompleta de frutas adquiridas por unidade	O recebedor não realiza a contagem fruta por fruta em compra feita por quantidade unitária.	Estabelecer que o profissional recebedor conte item por item, pois o pagamento é feito pela quantidade total. Quanto maior a quantidade, maior a necessidade de contar.
Compra de produto por caixa sem definir o tipo	O pedido de compra é feito por caixa de laranja sem definir que tinha de ser tipo 13 (= 13 dúzias por caixa, ou 156 unidades de laranja).	Além de realizar a especificação, estabelecer que o recebedor faça sempre a contagem no ato do recebimento para verificar se as caixas estão completas.
Quantidade menor de bebidas	O entregador e/ou o recebedor empilham os fardos antes de ocorrer a conferência visual e a contagem dos produtos individualmente.	Não permitir que o entregador faça o empilhamento. Estabelecer que o recebedor verifique se os fardos estão completos e íntegros antes de haver o empilhamento.
Falta de peso no frango por quilo.	O recebedor faz a conferência somente contando as caixas.	Estabelecer que o profissional recebedor pese todas as caixas, para não receber caixas com peso menor.
Falta de especificação de filé-mignon e de camarão	O recebedor não abre as caixas nem pesa as carnes. Também não realiza a contagem da quantidade de camarão conforme definida.	Treinar o profissional e fazer o *book* de produtos.
Excesso de gelo nos pescados IQF (congelados um por um)	O recebedor não faz a avaliação visual nem realiza o teste de presença de gelo no recebimento.	Selecionar bem os fornecedores e negociar o percentual de degelo antes de fechar o preço.

BOOK DE PRODUTOS

O processo de recebimento de mercadoria é de grande importância para a manutenção da qualidade do produto final, bem como do lucro do empreendimento.

Em relação especificamente ao padrão de produtos, se não houver um recebimento adequado, pronto para saber o que realmente foi comprado e conferir o que está sendo entregue, certamente haverá problemas como necessidade de usar um produto inadequado e perda de lucratividade.

Além de treinar a equipe sobre os procedimentos para um recebimento criterioso, é necessário pensar em como será feita a conferência quanto ao padrão da mercadoria a ser recebida. Ou seja, como as especificações enviadas aos fornecedores serão checadas.

Será que o colaborador treinado para realizar um recebimento corretamente, em área determinada para esse fim, com balança e termômetros precisos, pesando e contando todas as mercadorias, analisando as informações das notas fiscais, verificando a qualidade dos entregadores e veículos, medindo as temperaturas, sabe a diferença entre uma laranja-pera e uma laranja bahia? Será que ele conhece uma peça de filé-mignon 3/4 e uma 4/5? Ou seja, de nada adiantará estabelecer todo o procedimento de recebimento se o gestor de A&B não se atentar para esses detalhes.

Nesse aspecto, é bastante útil a criação de um *book* de produtos para recebimento; uma espécie de "manual" para conferência.

Esse *book* de produtos deve ficar acessível na área de recebimento e conter todas as informações necessárias para facilitar a conferência de padrão dos produtos que requerem tal análise.

Assim, o *book* deve conter estes dados:

- nome do produto com a especificação completa;
- unidade de recebimento: se é em quilo, em caixa (com quantas unidades ou quantos quilos), em litro, em galão (de quantos litros), etc.
- peso-padrão de uma unidade, quando for o caso: por exemplo, 1 peça de filé-mignon sem cordão 3/4 pesa de 1,350 kg a 1,800 kg, e 1 peça de filé-mignon sem cordão 4/5 tem peso entre 1,800 kg e 2,250 kg;
- foto do produto.

Para facilitar o entendimento de como fazer um *book* de produtos, vamos nos utilizar de um exemplo apresentado por Alves (2018) com base em quatro itens de hortifrúti.

Vamos imaginar que, após uma análise criteriosa das variedades e classificações existentes de abacaxi, laranja, limão e tomate, um gestor de A&B tenha determinado os produtos com as descrições e especificações com que devem ser recebidos. Assim, o fornecedor deve trazer estes produtos:

- abacaxi pérola tipo G (graúdo, peso médio de 1,8 kg);
- laranja-pera rio tipo 14 casca fina (peso médio de 150 g);
- limão taiti tipo 18 (peso médio de 100 g);
- tomate salada tipo carmem (tomate achatado) 2A (peso médio de 180 g).

Figura 6.2 | Produtos que vão compor o exemplo de *book* e suas respectivas classificações.
Fonte: Alves (2018).

Em seguida, cada produto deve ser fotografado sobre uma balança.

Figura 6.3 | Pesagem dos produtos que vão compor o *book*.
Fonte: Alves (2018).

Em uma planilha eletrônica, deve-se, então, criar o *book*, com a descrição do produto, a unidade de medida do item, o padrão de peso especificado e a fotografia realizada. O ideal é que o critério de conferência da especificação seja simples e objetivo. Ou seja, não se deve complicar a tarefa pedindo diâmetro, comprimento, etc.

É importante imprimir e plastificar o manual e, então, entregá-lo ao setor de recebimento, a fim de que todos os colaboradores possam conhecer os produtos e realizar a conferência dos itens entregues de uma forma mais precisa.

O conceito de *book* apresentado aqui pode ser replicado em diferentes categorias de produtos. É possível utilizá-lo para os tipos de carnes compradas (os diversos calibres do filé-mignon são um bom exemplo), para os produtos secos, para frios e laticínios, para bebidas e até mesmo para os utensílios que são utilizados. O importante é haver uma ferramenta rápida de consulta das especificações dos produtos, tanto para a compra como para a entrega, o recebimento e o armazenamento dos itens requeridos no estabelecimento.

Recebimento | 147

MANUAL DE RECEBIMENTO
Hortifrúti

Descrição	Unidade	Padrão	Foto
Abacaxi pérola tipo G (1,8 kg)	Kg	Peso médio de 1,8 kg	
Laranja-pera rio tipo 14 casca fina (150 g)	Kg	Peso médio de 150 g	
Limão taiti tipo 18 (100 g)	Kg	Peso médio de 100 g	
Tomate salada tipo carmem 2A (180 g)	Kg	Peso médio de 180 g	

Figura 6.4 | Exemplo de *book* de produtos.
Fonte: Alves (2018).

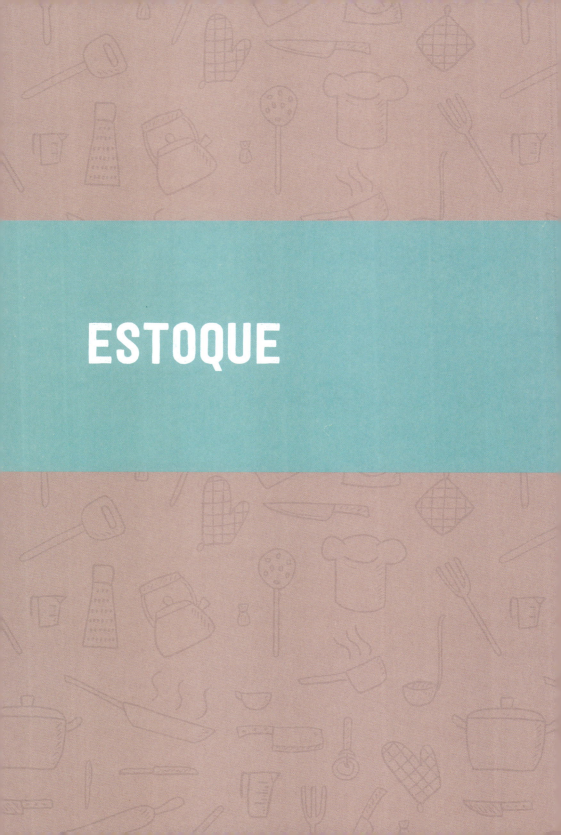
ESTOQUE

7

Fonseca (2014) afirma que o processo de armazenamento é extremamente delicado, pois nessa fase os ativos são guardados, e esses devem ser aplicados de maneira que gerem bons resultados, pois custos excessivos são repassados ao consumidor ou reduzem as margens de lucro.

O setor de estoque exige manipulação correta dos produtos, adequação dos locais onde serão estocados conforme suas especificidades e processos de controle das movimentações, entre outros fatores.

Muitas vezes, vemos um cuidado enorme que alguns negócios de alimentação possuem com o cofre da empresa. Como alguns estabelecimentos recebem dinheiro de clientes, surge a necessidade de terem um cofre para garantir a salvaguarda desse dinheiro e controlar a entrada e a saída dele. No entanto, quando os gestores são questionados sobre seus estoques, muitos não conseguem apresentar um controle eficiente de entrada e de saída das mercadorias. Esquecem que, muitas vezes, o montante de capital que se encontra dentro dos almoxarifados é bem maior que o volume contido em seus cofres.

Vamos imaginar que diariamente um estabelecimento fature em média R$ 20.000,00 e que, desse valor, 5% seja em espécie. Isso quer dizer que R$ 1.000,00 o cliente paga em dinheiro, valor que é guardado no cofre dentro do escritório. O acesso ao escritório é restrito a poucas pessoas, e apenas o gerente e o proprietário sabem a senha do cofre. Cria-se um controle de entrada e de saída do dinheiro, o qual é enviado para depósito no banco. Esse estabelecimento hipotético (nem sempre tão hipotético!) possui mercadorias em seu estoque, e uma dessas mercadorias é um tipo de picanha que custa em torno de R$ 60,00/kg. Se compararmos os R$ 1.000,00 que o estabelecimento recebe diariamente e para os quais existe um controle enorme de entrada e de saída do cofre, estaremos falando de algo em torno de 17 kg de picanha. Se não houver um controle de entrada e de saída dessa mercadoria, o valor de R$ 1.000,00 poderá ser perdido em um dia!

Devemos, então, compreender que o estoque é o maior cofre de um estabelecimento voltado à alimentação, demandando organização para que as mercadorias sejam disponibilizadas com segurança e agilidade. Existem negócios que destinam um local específico para guardar suas mercadorias, com pessoal treinado e capacitado, equipamentos adequados e procedimentos de controle integrados e seguros. No entanto, como falamos, nem sempre essa é a realidade, pois o que costumamos encontrar são locais onde os produtos e as pessoas se perdem, sem que haja uma mínima noção do mal que estão fazendo para o empreendimento.

A função primordial de qualquer estoque é manter o estabelecimento sempre abastecido de mercadorias, na quantidade e no tempo certos, sem gerar rupturas de produtos, mas também sem excessos. Quando há a integração das áreas de produção, compras e estoque, quando esses setores trabalham de forma conjunta, o estabelecimento tem condições de garantir que as mercadorias sejam adquiridas dentro de suas especificações corretas, na quantidade necessária, na hora certa e ao menor custo possível.

Além disso, um armazenamento adequado de mercadorias assegura a qualidade e a segurança alimentar para os clientes, contribuindo para a imagem do estabelecimento.

Para que um armazenamento seja feito adequadamente, é preciso estar atento a dois aspectos básicos: segurança e operação.

Quanto à segurança, os pontos de atenção são os descritos a seguir.

- Estabelecer acesso limitado ao local de estocagem, ou seja, não permitir que qualquer pessoa entre e saia dos estoques. Somente pessoas autorizadas devem permanecer no local. Caso o estabelecimento não tenha condições de ter um estoque para todos os seus produtos, que seja dada atenção aos mais caros e atrativos, como carnes, bebidas e sobremesas.
- Considerar armazenar as bebidas em um armário ou gaiola específicos, e as carnes, em *freezers* com cadeados.
- Fazer o controle das movimentações efetuadas, pois, quanto mais houver centralização dos estoques, mais fáceis serão os controles. Quando há estoques espalhados por todo o estabelecimento, fica dificultado o controle das movimentações de entrada e de saída das mercadorias.
- Facilitar a circulação de pessoas e materiais, a visualização dos produtos e a limpeza dos locais de estoque. Para isso, deve ser criado um *layout* de estoque que promova um bom fluxo tanto de pessoas como de mercadorias.
- Iluminar bem o local, pois, quanto melhor estiver a iluminação, mais fácil será encontrar o item de que se precisa e efetuar os controles necessários, bem como realizar a limpeza do local e dos produtos estocados.

- Instalar monitoramento. Assim como muitos negócios possuem câmeras de vídeo em seus escritórios para que "fiquem de olho" em seu cofre, caso seja possível deve ser instalada uma câmera também no estoque. Repetimos: muitas vezes, o estoque possui um capital maior que o existente no cofre.

Quanto à operação, os pontos a serem ressaltados são os apresentados a seguir.
- Comprar com critério, ou seja, adquirir as mercadorias de acordo com a especificação correta e conforme sua utilização, na quantidade certa e no momento exato, segundo o planejamento de venda e produção.
- Seguir o sistema PVPS (primeiro que vence primeiro que sai; ver página 158).
- Seguir as condições corretas de armazenamento conforme o grau de perecibilidade dos materiais. Para cada tipo de produto, uma forma de armazenamento é exigida.
- Procurar manter apenas mercadorias que são realmente utilizadas, pois deixar mercadorias que não fazem parte do dia a dia prejudica não apenas a movimentação das mercadorias como também a aplicação dos controles necessários. Muitas vezes, vemos estabelecimentos que entulham seus estoques com cadeiras ou mesas do salão, por exemplo, prejudicando todo o fluxo do setor.

GARANTIA DA QUALIDADE

Quando falamos de estoque, temos de atentar também para a garantia da qualidade das mercadorias armazenadas. Claro que todo negócio voltado à alimentação possui regras diferentes de armazenamento, e as dúvidas devem ser sanadas com um profissional de nutrição; de qualquer forma, é possível citar algumas regras básicas para qualquer empreendimento. Essas regras dizem respeito a prazo de validade, perecibilidade dos produtos e identificação deles.

Prazo de validade

É preciso obedecer ao prazo de validade dos produtos, conforme indicação do fornecedor nos rótulos (que, além do prazo, informam a temperatura mínima de armazenamento).

No caso de produtos congelados, quando não for possível atender à temperatura indicada, devem ser seguidas as referências apresentadas no quadro 7.1.

Quadro 7.1 | Temperatura e tempo de armazenamento para congelados.

Temperatura	Tempo máximo de armazenamento
De -11 °C a -18 °C	30 dias
< -18 °C	90 dias

Produtos perecíveis

Produtos perecíveis devem ser estocados adequadamente logo após o recebimento, conforme sua característica.

Quadro 7.2 | Armazenamento de produtos perecíveis.

Produto	Recomendações
Carnes (bovinas, suínas, de aves, etc.)	Retirar da embalagem original (como caixas de papelão e sacos de ráfia) e acondicionar em recipientes adequados e higienizados (sacos transparentes, monoblocos não vazados, etc.). Acondicionar em pequenos lotes, para uma melhor refrigeração. Quando em processo de descongelamento, colocar etiqueta informando data e horário de início desse processo (para fins de monitoramento). Priorizar a utilização de carnes já descongeladas.
Carnes embaladas a vácuo	Manter em suas próprias embalagens a vácuo, evitando perfurações. Caso haja perfuração, seguir orientação do fornecedor e/ou critério do profissional de nutrição. Para carne bovina maturada resfriada, observar o período de maturação e definir data de consumo.
Ovos	Retirar da caixa de papelão, mantendo as bandejas plastificadas, e realizar a triagem (retirar os quebrados e os rachados). Manter a etiqueta original de procedência e validade. Manter sob refrigeração.
Pescados	No momento do recebimento, observar indícios de descongelamento ou recongelamento, como amolecimento e deformação, além de acúmulo de líquido ou cristais de gelo. Ao perceber esses indícios, providenciar a devolução e, em caso de dúvida, consultar o profissional de nutrição. Armazenar em câmara específica; para produtos congelados, obedecer às orientações dos fornecedores para armazenamento antes e depois da abertura das embalagens. Na ausência dessas informações, seguir estes parâmetros: ■ pescados e seus produtos manipulados crus: no máximo a 2 °C por 3 dias; ■ pescados pós-cocção: no máximo a 2 °C por 1 dia.
Produtos industrializados congelados	Manter nas embalagens originais, acondicionados em sacos plásticos transparentes. Estocar conforme indicação do fornecedor e/ou critério do profissional de nutrição.
Frios e laticínios	Armazenar sob refrigeração, preferencialmente em caixas plásticas vazadas (para promover a circulação de ar). Na ausência de caixas plásticas, evitar empilhamentos muito altos, para que as peças não amassem. Em caso de iogurte e derivados, estocar sob refrigeração, nas embalagens originais, protegidas com *fita film*.

(cont.)

Produto	Recomendações

Hortaliças e frutas	Retirar das embalagens originais (caixas de papelão, saco de ráfia) e acondicionar em monoblocos vazados limpos ou sacos transparentes.
	Manter separadas dos demais produtos, com data de entrada e data de consumo especificadas, para organizar a saída.
	Observações:
	- itens como endívia não precisam ser retirados das embalagens, para ter suas características mantidas;
	- sobre morangos:
	  • eles devem ser selecionados logo após o recebimento, retirando-se os que têm indícios de podridão ou mofo;
	  • eles podem ser guardados em caixas plásticas com tampa, forradas com papel toalha e protegidas de muito frio; os morangos não devem ser empilhados;
	  • na ausência de caixas plásticas, os morangos devem ser espalhados sobre uma assadeira forrada com papel toalha. Caso sejam lavados, devem ser secos. Por fim, precisam ser mantidos cobertos com plástico.
	- mandioquinhas (batatas-baroas) devem ficar imersas em água caso não venham a ser consumidas/utilizadas em breve.

Produtos orgânicos	Manter separados dos não orgânicos, para evitar contaminação cruzada.

Observações gerais para produtos perecíveis

- Caso o espaço frio do estabelecimento seja limitado, priorizar o acondicionamento de gêneros mais perecíveis.
- Manter os alimentos cobertos (exceto em caso de vegetais e frutas que ainda não passaram por pré-preparo).
- Utilizar apenas sacos plásticos transparentes para acondicionar os alimentos. Plásticos reciclados (preto, azul, cinza, leitoso, etc.) podem ceder substâncias tóxicas aos produtos.
- Manter itens que estejam impróprios ou com prazo de validade vencido em local específico, identificados com os dizeres "Produto impróprio para consumo".
- Nas câmaras frigoríficas e/ou nos refrigeradores, realizar a organização que evita o cruzamento de produtos:
  • nas prateleiras mais baixas, matérias-primas *in natura*;
  • nas prateleiras intermediárias, material pré-preparado;
  • nas prateleiras superiores, material já manipulado e pronto.
- Manter as portas de câmaras e refrigeradores sempre fechadas. A qualidade da borracha de vedação e a temperatura devem ser constantemente verificadas.
- Caso não haja, no empreendimento, disponibilidade de vários pontos para refrigeração e congelamento e os produtos tenham de ser armazenados conjuntamente, atentar-se para que fiquem devidamente embalados e separados por departamentos.

- Não colocar monoblocos ou mercadorias diretamente sobre o piso. Utilizar estrados e/ou prateleiras (e periodicamente fazer a limpeza e a desinfecção destes).

Produtos não perecíveis

O fato de terem uma validade por vezes bastante longa não elimina a necessidade de armazenar os produtos não perecíveis com o devido cuidado, como mostra o quadro 7.3.

Quadro 7.3 | Armazenamento de produtos não perecíveis.

Produto	Recomendações
Bebidas	Limpar garrafas e latas antes de serem armazenadas. Colocar nas prateleiras inferiores. Verificar constantemente se estão amassadas. Caso estejam, retirar do local.
Sacarias	Separar conforme o tipo de produto. Dispor as sacarias sobre estrados ou prateleiras, empilhadas de maneira que possibilite boa ventilação e evite quedas.
Latarias	Armazenar na embalagem original. Manter as latas limpas e livres de poeira, com o rótulo posicionado para a frente e para cima (permitindo a identificação do produto e da data de validade). Empilhar de modo que evite quedas e danos (estes podem causar rompimento do verniz e contato do alimento com o material da lata, ameaçando a qualidade).
Descartáveis	Se possível, retirar os descartáveis do interior das caixas e manter em suas próprias embalagens plásticas. Manter sacos plásticos para alimentos e para amostras de referências, luvas descartáveis, papel-manteiga, sacos para lanches e papel toalha em embalagens plásticas fechadas e, de preferência, armazenados em prateleiras separados dos alimentos. Empilhar de forma organizada, agrupando conforme a finalidade.
Material de limpeza	Armazenar em local separado dos produtos alimentícios. Quando isso não for possível, estocar nas prateleiras inferiores, afastados dos alimentos. Não estocar produtos para desinfecção de alimentos com material de limpeza: guardar os de desinfecção com os descartáveis, nas prateleiras mais baixas. Atentar para o prazo de validade dos produtos de desinfecção e de limpeza informados na embalagem. Sempre identificar os produtos. Nunca armazenar produtos de limpeza no interior da cozinha. Nunca reutilizar embalagens de produtos químicos. Descartar essas embalagens. Manter a FISPQ (ficha de informações de segurança de produtos químicos) em locais de fácil acesso para consultas.

Observações gerais para produtos não perecíveis
- Manter o estoque seco livre de umidade, arejado, protegido do calor excessivo, limpo e sem entulhos ou objetos não pertinentes à seção.

- Não acondicionar gêneros alimentícios em sacos plásticos coloridos ou leitosos, pois estes podem ceder substâncias tóxicas.
- Identificar com etiqueta de reembalagem todos os produtos que tiverem perdido a embalagem original.
- Identificar com etiqueta de validade produtos que tenham alteração na data de validade após abertura e sejam mantidos nas embalagens originais.
- Não encostar as mercadorias nas paredes, para promover a circulação de ar.
- Quando realizar inventários (ver página 171), verificar as condições dos produtos armazenados e a data de validade.

Identificação de produtos

A etiqueta de validade ou, ainda, etiqueta de identificação de alimentos é aplicada quando um produto é aberto ou retirado de sua embalagem original e não há consumo imediato total, ensejando novo armazenamento.

Essa etiqueta é utilizada também em pré-preparo de produtos que serão finalizados posteriormente (por exemplo, uma carne).

Sempre deve ser considerada a data de validade fornecida pelo fabricante, até porque as embalagens apresentam a informação de "consumir em até x dias" após abertas. No caso de pré-preparos, a data de validade normalmente é dada pelo profissional de nutrição.

A figura 7.1 apresenta um modelo de etiqueta de validade. A maioria dos dados necessários para preenchê-la está na embalagem original (por exemplo, nome do produto, marca, lote, fabricante, data de fabricação, validade do fabricante). No campo "Data de manipulação", deve ser indicada a data em que a embalagem foi aberta (ou, em caso de pré-preparo, quando esse pré-preparo foi feito). O campo "Validade após abertura" indica o novo prazo que o alimento ganhou após ter sido aberto e/ou manipulado (prazo esse informado no rótulo original ou determinado pelo profissional de nutrição). E, por fim, o campo "Responsável" deve trazer o nome do profissional que está realizando a etiquetação.

```
Produto: _____
Marca: _____  SIF/Lote: _____
Fabricante: _____
Data de fabricação: _____/_____/_____
Validade do fabricante: _____/_____/_____
Data da manipulação: _____/_____/_____
Validade após abertura: _____/_____/_____
Responsável: _____
```

Figura 7.1 | Modelo de etiqueta de validade.
Fonte: Alves (2018).

MEIOS DE ARMAZENAMENTO

Quando falamos dos meios de armazenar em negócios de A&B, temos basicamente três opções: prateleiras, câmaras refrigeradas e *freezers*.

- **Prateleiras ou gaiolas:** os alimentos devem ser colocados nas prateleiras de forma organizada, separados por grupos e respeitando o empilhamento máximo recomendado pelo fabricante. Grupos são produtos utilizados nas mesmas preparações. Por exemplo: confeitaria (itens como creme de leite, chocolates, fermentos, farináceos, essências, etc.), temperos secos (orégano, tomilho, pimentas diversas, sal, etc), entre outros. Mercadorias mais leves ficam na parte superior das prateleiras, e as mais pesadas, na parte inferior. Para evitar contaminação, não é permitido armazenar os produtos em caixas de papelão nem os encostar em paredes e no chão. Assim, os procedimentos corretos são:
  - retirar os produtos da caixa de papelão;
  - armazená-los em caixa plástica ou diretamente na prateleira;
  - transcrever todas as informações originais em todos os produtos que não apresentam essas informações, em sua embalagem secundária;
  - ao colocar na prateleira, manter distância mínima de 25 cm em relação ao chão, de 20 cm em relação à parede e de 60 cm em relação ao teto (para garantir a circulação de ar e facilitar a limpeza).
- **Câmaras frigoríficas ou refrigeradas:** como informado anteriormente, produtos prontos para consumo na prateleira superior; semiprontos, na prateleira intermediária, e crus, na prateleira inferior.

- **Câmaras congeladas ou *freezers* (horizontais/verticais):** nesses meios são armazenados somente produtos recebidos congelados. É permitida a armazenagem em caixas de papelão ensacadas em plástico ou com *fita film*. O empilhamento deve seguir as orientações do fornecedor.

PVPS

Alves (2018) explica que, quando falamos de rotatividade de mercadorias, isso se refere basicamente ao tempo em que as mercadorias ficam paradas no estoque, desde sua entrada até que sejam utilizadas na produção. Em alimentação, o fator qualidade da mercadoria é determinante para a qualidade do produto final vendido ao cliente. Assim, em negócios de A&B, a metodologia mais indicada é a PVPS (primeiro que vence primeiro que sai), diferentemente de outra bastante comum em gestão de estoque, que consiste em utilizar o que entra primeiro, independentemente de data de validade.

Pela metodologia PVPS, mercadorias com prazo de validade curto devem ser utilizadas antes, mesmo que a entrada no estoque tenha ocorrido depois de um outro lote de compra.

Colocar os produtos mais próximos de vencer na frente dos de validade mais longa é uma medida importante, mas, para que haja eficiência na metodologia PVPS, é necessário um controle mais rígido. Assim, é útil também utilizar planilhas eletrônicas, *softwares* de gestão de estoques ou, ainda, etiquetas (coloridas ou não) com datas diferentes de vencimento para um mesmo produto, para facilitar a identificação.

Uma outra vantagem da utilização do PVPS é a possibilidade de efetuar uma compra de oportunidade: adquirir produtos com data de validade próxima por um preço menor. Nesse caso, é preciso ter a certeza de que serão usados dentro desse prazo.

CASO 20 – IMPLANTAÇÃO DO SISTEMA PVPS

Estabelecimento
Hamburgueria localizada na cidade de São Paulo.

Cenário encontrado
O proprietário elogiava o estoquista, afirmando se tratar de um profissional capacitado, vindo do mercado e com formação na área. O estoquista era de fato muito inteligente e havia aplicado várias formas de controle de estoque no empreendimento. Mas, após conversarmos um pouco mais sobre esses controles, ele informou que tinha implementado o sistema PEPS (Primeiro que Entra Primeiro que Sai) para todas as mercadorias, pois era a metodologia que tinha aprendido na faculdade.

Ao ser questionado sobre se já havia tido problema com esse sistema, ele respondeu que sim; que um dia quase teve de descartar alguns quilos de carne, pois a validade iria expirar.

O controle de qualidade desse empreendimento exigia que as carnes fossem entregues pelo menos 60 dias antes do vencimento, pois os hambúrgueres eram moldados praticamente no momento do pedido do cliente. Eram pagos R$ 30,00 pelo quilo da carne.

Certa vez, o proprietário recebeu do fornecedor proposta para adquirir uma carne com validade menor que os 60 dias, porém pela metade do preço: R$ 15,00/kg.

O setor de compras, então, perguntou ao controle de qualidade se poderia efetuar a aquisição. Recebeu o aval, mas com o alerta de que essa carne teria de ser utilizada antes das demais que constavam do estoque.

O estoquista, ao receber a mercadoria, deixou-a na posição de ser utilizada depois das carnes que já estavam no estoque, seguindo o método PEPS.

Certo dia, durante realização de inventário, o estoquista percebeu que a validade da carne estava muito próxima do fim e que não seria possível consumir todo o volume até esse prazo expirar.

Para não descartar a carne, o estabelecimento resolveu utilizá-la como refeição dos colaboradores.

Encaminhamento e soluções
O estoquista foi orientado a implantar o sistema PVPS no empreendimento, ou seja, mercadoria com vencimento mais próximo tendo prioridade em relação a outras de validade maior.

Resultados
Não houve mais problemas relacionados a vencimento de mercadorias, mesmo quando surgia alguma oportunidade para o setor de compras adquirir produtos de validade menor pagando menos.

CONTROLE DE ESTOQUE

É comum ouvirmos donos de negócios de A&B reclamarem: "Nossos custos estão estourados, fazemos prejuízo todos os meses". Ou, ainda: "Faturo R$ 300.000,00 por mês, mas não sobra nada no fim, e sei que o problema é o estoque, que não controlamos".

É claro que, quando temos um estoque que não possui controles, os demais controles (de faturamento, de despesas, de lucros, de prejuízos) se tornam imprecisos, podendo fazer com que o empreendedor perca o controle de seu negócio e até venha a encerrar as atividades.

Uma administração eficaz e eficiente dos estoques gera um termômetro preciso de como andam os resultados do negócio. Além disso, possibilita:

- evitar desvios provocados por vencimento das validades, manuseio inadequado, extravios e roubos;
- identificar os produtos que estão sem movimento (parados no estoque há muito tempo) e providenciar ações que aumentem sua utilização;
- tornar conhecido o valor de estoque real do empreendimento;
- informar ao setor de compras os volumes existentes, para um planejamento correto das aquisições;
- gerar os custos dos materiais, para o cálculo dos preços de venda dos produtos acabados.

O controle de estoque pode ser resumido em quatro frentes: monitoramento, organização, medição e informatização.

- **Monitoramento:** os registros de entrada e de saída das mercadorias nunca devem ser deixados para depois. Quando as movimentações são registradas no momento em que ocorrem, é possível analisar de imediato se algo está inconsistente com o saldo que deveria haver. Desperdícios e extravios podem acontecer quando a ação de registrar não é feita no momento, porque fica mais difícil rastrear o problema depois.
- **Organização:** o estoque precisa ser organizado fisicamente, com setorizações de produtos por categorias na medida do possível. Uma boa organização agiliza a entrada de itens no estoque, deixa mais rápidas as entregas ao setor de produção (quando este faz solicitações) e facilita a realização de inventário. Também torna mais fácil perceber excessos ou rupturas.

- **Medição:** devem ser criados indicadores para avaliar o estoque. Quando se compra em excesso, o estoque fica alto e impacta o fluxo de caixa, pois é preciso efetuar o pagamento, aos fornecedores, de mercadorias que talvez não sejam utilizadas tão cedo. Na situação contrária, caso o estoque esteja baixo e não seja possível atender a uma requisição feita pelo setor de produção, não só o cliente pode sair prejudicado como também o próprio empreendimento. Conhecer o giro de cada mercadoria e o tempo que cada fornecedor demora para entregá-la permite a criação e a manutenção de um nível de estoque adequado.
- **Informatização:** controles de estoques efetuados manualmente se mostram suscetíveis a erros e, consequentemente, a desvios e perdas, causando prejuízos. O trabalho de monitoramento é bastante facilitado pela utilização de um *software* de gestão. Existem versões destinadas a pequenos negócios cujo valor de instalação e de manutenção não é nada expressivo.

Ficha kardex

Para exemplificar o conceito de controle de entrada e de saída de mercadorias, vamos nos basear em um documento chamado ficha de prateleira ou ficha kardex, muito utilizado antigamente na forma impressa e que hoje se encontra dentro dos *softwares* de gestão.

Um modelo de ficha de prateleira ou ficha kardex (mostrado na figura 7.2) pode ter as seguintes informações:
- **material:** descrição completa do material;
- **código:** o número pelo qual o material é cadastrado/identificado dentro do estabelecimento;
- **unidade:** unidade de medida pela qual o produto é estocado e controlado;
- **data:** campo que indica as datas das movimentações do produto, sejam de entrada ou de saída;
- **entrada:** quantidade que gerou aumento do estoque (uma compra, por exemplo);
- **saída:** quantidade que gerou redução do estoque (como uma requisição feita pela produção);
- **estoque atual:** o estoque do dia anterior + as entradas - as saídas.

Material	ACUCAR REFINADO (PCT C/ 1 KG)
Código	100123
Unidade	PCT COM 1 KG

Data	Entrada	Saída	Estoque atual
6-Nov			60,00
7-Nov		10,00	50,00
8-Nov		5,00	45,00
8-Nov	100,00		145,00
9-Nov		15,00	130,00
10-Nov		10,00	120,00
11-Nov		5,00	115,00

Figura 7.2 | Ficha de prateleira para controle de estoque.
Fonte: Alves (2018).

Requisição de materiais

A requisição de materiais nada mais é que um documento no qual são informados os materiais solicitados por um setor (o de produção, por exemplo). Na forma impressa, a requisição traz a assinatura do responsável. Quando há *software* de gestão, o documento faz parte do sistema e é alimentado pelo solicitante.

O uso dessa ferramenta está ancorado em três objetivos: aumento do controle, redução de prejuízos e automatização do processo.

- **Aumento do controle:** a requisição possibilita maior controle sobre a quantidade de mercadorias consumidas internamente e sobre a forma como essas mercadorias são utilizadas.
- **Redução de prejuízos:** a implantação de uma rotina diária de requisição de materiais em todos os setores evita consumos excessivos dentro do empreendimento, resultando em redução de desperdícios (segundo nossa experiência, de até 30%). O processo de aprovação da requisição efetuada tem grande impacto na decisão sobre os materiais e quantidades que serão requisitados.
- **Automatização do processo:** caso o empreendimento tenha um *software* de gestão de estoque, a requisição pode ser computada no sistema. O recebedor do estoque separará todas as mercadorias da requisição e, em seguida, realizará a baixa no sistema, atualizando o saldo dos itens em estoque. Se o sistema estiver associado à ficha técnica, automaticamente poderá gerar um novo pedido de compra para reposição do estoque.

A rotina de requisição de materiais pode ser aplicada em todos os setores do empreendimento, seja o da cozinha e suas subdivisões, o setor de limpeza, o de escritório. A figura 7.3 apresenta um modelo adaptável a qualquer negócio.

REQUISIÇÃO DE MATERIAIS

Data ___ / ___ / ___

Setor solicitante: ________________

Uso do material: ☐ Almoço ☐ Jantar ☐ Loja ☐ Funcionário

Descrição do material	Und	Quantidade

Autorizado por: ________________ Entregue em: ___ / ___ / ___

Figura 7.3 | Modelo para requisição de materiais.

Em nossos trabalhos, temos comprovado um grande desperdício no setor de limpeza. Muitas vezes, os preços dos itens dessa natureza são bastante elevados, não há controle algum sobre o que é utilizado e nem sempre o profissional responsável tem ou recebeu treinamento para o uso desses materiais. O fator de diluição correto de produtos concentrados é um dos grandes "vilões" dos desperdícios que encontramos.

Curva ABC

Podemos ainda incluir, como um ponto importante do controle de estoques, a utilização da curva ABC. Como vimos anteriormente, o conceito da curva ABC refere-se à classificação de produtos de acordo com a sua importância, seja em compras, em quantidade, quanto ao fornecedor, etc.

Segundo Cruz e Pereira (2015), a curva ABC é uma análise que os gestores aplicam para determinar os itens mais importantes do almoxarifado. Ela explica por que alguns produtos saem mais, e outros, menos; por que alguns são mais valorizados.

Na curva ABC de estoque, a análise do desempenho das mercadorias poderá ser o custo de aquisição, o giro de estoque, o vencimento, o risco de armazenamento ou o valor total de estoque por tipo de mercadoria.

Alguns benefícios da aplicação da curva ABC de estoque:

- criar uma ferramenta de análise da gestão de estoque;
- garantir que as principais mercadorias estejam em dia com seu volume de estoque;
- reduzir os gastos desnecessários com compras;
- possibilitar a implantação de um cuidado especial conforme a importância de cada mercadoria;
- reduzir e/ou evitar rupturas;
- possibilitar maior lucratividade do negócio.

ESTOQUE DE SEGURANÇA, ESTOQUE MÁXIMO E PONTO DE PEDIDO

Como temos falado e reafirmado em todo este capítulo, o objetivo de uma boa administração de estoque é garantir que o cliente tenha sempre o produto disponível e propiciar lucro e sucesso ao empreendimento.

Administrar corretamente o estoque é garantir, inclusive, que o gestor possa praticar preços mais competitivos pela redução de desperdícios.

Nunca devemos esquecer que estoque é dinheiro parado!

Resumidamente, em um negócio de A&B, quando falamos de produção, temos três tipos de produtos no estoque:

- as matérias-primas que serão utilizadas;
- os produtos em processo de transformação, que podem ser chamados de produtos semiacabados;
- os produtos acabados.

Em relação ao controle do nível de estoque, podemos acrescentar alguns conceitos que facilitam a determinação da quantidade que é preciso haver de cada mercadoria: estoque de segurança (estoque mínimo), estoque máximo e ponto de pedido.

Estoque de segurança

O estoque de segurança (também conhecido como estoque mínimo), como diz o nome, refere-se à quantidade mínima de mercadorias que precisa haver no estoque. Ele se destina a cobrir possíveis falhas de entrega pelos fornecedores ou até mesmo pequenas flutuações no perfil de consumo dos clientes.

O objetivo, então, do estoque de segurança é evitar ao máximo falta de mercadorias caso ocorra algum problema de abastecimento ou aumento da necessidade. Assim, a ideia é não usar esse estoque; usá-lo apenas quando for necessário.

A implantação do conceito de estoque de segurança se torna facilitada com os três passos apresentados a seguir.

- **1º passo: descobrir a média de consumo ou venda diária da mercadoria.** Refere-se à quantidade média de consumo que temos de uma mercadoria. É possível considerar o consumo mensal e dividi-lo por 30, ou tomar o consumo semanal e dividi-lo por 7. O importante é encontrar quanto se consome ou se vende de determinado produto. Com essa informação, determinamos as mercadorias necessárias para um estoque de segurança, bem como aquelas das quais não precisaremos.
- **2º passo: identificar o tempo de entrega.** Este é o período compreendido entre a realização do pedido de compra ao fornecedor e a chegada ao estabelecimento. Quando há, por exemplo, um tempo de entrega muito longo e que pode ainda variar bastante, fazer um estoque de segurança é de grande importância para garantir a satisfação dos clientes, que sempre encontrarão o que desejam.
- **3º passo:** aplicar a fórmula de cálculo do estoque de segurança.

> Estoque de segurança = média de consumo ou venda diária × tempo de entrega (em dias)

Vamos a um exemplo, para facilitar o entendimento:

- **produto:** laranja-pera rio tipo 13;
- **média de consumo ou venda diária:** 133,33 kg (4.000 kg ao mês / 30 dias);
- **tempo de entrega do fornecedor:** 1 dia.

Aplicando a fórmula:

> Estoque de segurança = 133,33 kg × 1 dia = 133,33 kg

De acordo com o exemplo, é necessário haver 133,33 kg de laranja-pera rio tipo 13 no estoque de segurança, que é a quantidade de 1 dia de consumo/venda, porque o fornecedor consegue entregar o produto 1 dia após a realização do pedido de compra.

É claro que, quando existe um *software* de gestão de estoque, o cálculo do estoque de segurança de cada mercadoria fica mais fácil.

Inclusive, temos de admitir que, para os negócios de A&B, muitas vezes os estoques de segurança deveriam ser distintos para cada dia da semana, pois o *mix* de produtos de um restaurante pode ser um na segunda-feira e outro, bem diferente, em uma sexta-feira. Por exemplo, no começo da semana, as pessoas podem estar mais voltadas para *fitness* e consumir uma quantidade maior de hortaliças do que na sexta-feira, quando é comum ver os clientes fazendo pratos mais "caprichados". Ou seja, o estoque de segurança de hortaliças da segunda-feira poderia ter de ser maior que o da sexta-feira.

Estoque máximo

Se considerarmos que o estoque de segurança ou estoque mínimo serve principalmente para evitar falta de mercadoria e a consequente perda de venda, o estoque máximo busca impedir a compra de produtos em excesso, que podem vir a vencer, causando grandes prejuízos ao negócio. Ou seja, a função do estoque máximo é evitar desperdícios no empreendimento.

Para a implantação do conceito de estoque máximo, podemos adotar o seguinte roteiro:

- **1º passo: estabelecer o lote de reposição.** Refere-se à quantidade média mensal de mercadoria consumida ou vendida, dividida pela frequência de compras de mercadorias.

    A fórmula para o cálculo do lote de reposição é:

    > Lote de reposição = média de consumo ou venda mensal / frequência de compras mensal

Seguindo o exemplo anterior:

- **produto:** laranja-pera rio tipo 13;
- **média de consumo ou venda mensal:** 4.000 kg;
- **frequência de compras mensal:** 20 vezes.

Aplicando a fórmula:

$$\text{Lote de reposição} = 4.000 \text{ kg} / 20 \text{ vezes} = 200 \text{ kg}$$

Assim, o lote de reposição é de 200 kg de laranja-pera rio tipo 13.

- **2º passo: aplicar a fórmula de cálculo do estoque máximo.**

$$\text{Estoque máximo} = \text{estoque de segurança} + \text{lote de reposição}$$

Seguindo o exemplo:

- **produto:** laranja-pera rio tipo 13;
- **estoque de segurança:** 133,33 kg;
- **lote de reposição:** 200 kg.

Aplicando a fórmula:

$$\text{Estoque máximo} = 133,33 \text{ kg} + 200 \text{ kg} = 333,33 \text{ kg}$$

Assim, o estoque máximo seria de 333,33 kg de laranja-pera rio tipo 13.

Entretanto, é preciso considerar que o estoque máximo pode variar conforme o preço de aquisição da mercadoria e, ainda, conforme a capacidade física do empreendimento em armazenar determinada quantidade de estoque.

Ponto de pedido

Como o próprio nome diz, o conceito de ponto de pedido se refere ao momento em que se deve efetuar um novo pedido de compras ao fornecedor; é a quantidade em estoque de uma mercadoria que, quando atingida, indica a necessidade de gerar o pedido de compra e enviá-lo ao fornecedor.

Quando queremos calcular o ponto de pedido, é preciso atentar-se para os aspectos explicados a seguir.

- **Emissão do pedido de compra:** devemos considerar o tempo necessário para o pedido ser emitido, que pode envolver também o tempo de realizar cotação com diversos fornecedores.
- **Preparação do pedido de compra:** o tempo que o fornecedor solicita para preparar a mercadoria para a entrega.
- **Transporte:** estamos falando do tempo de entrega do fornecedor até a porta do empreendimento. Esse tempo é importante, principalmente, quando são realizadas importações de algumas matérias-primas ou quando a mercadoria vem de outro estado.

A fórmula para calcular o ponto de pedido é:

$$\text{Ponto de pedido} = \text{média de consumo ou venda diária} \times \text{tempo de entrega do fornecedor} + \text{estoque de segurança}$$

Seguindo nosso exemplo inicial:

- **produto:** laranja-pera rio tipo 13;
- **média de consumo diária ou venda diária:** 133,33 kg;
- **tempo de entrega do fornecedor:** 1 dia;
- **estoque de segurança:** 133,33 kg.

Aplicando a fórmula:

$$\text{Ponto de pedido} = 133{,}33 \text{ kg} \times 1 + 133{,}33 \text{ kg} = 266{,}66 \text{ kg}$$

Assim, o ponto de pedido é de 267 kg (arredondamento), ou seja, quando o estoque atingir 267 kg de laranja, será o momento de emitir o pedido de compra.

É muito importante somar o estoque mínimo ao ponto de pedido, pois dessa forma se evitam as rupturas de estoque.

Para que esses conceitos fiquem mais claros, a figura 7.4 apresenta cinco exemplos de produtos com as fórmulas e os cálculos de estoque de segurança, de estoque máximo e de ponto de pedido.

Produto	Unidade	Consumo mensal (CM)	Consumo diário (CD) "CM / 30"	Tempo de entrega em dias (TE)	Frequência de compras mensal (FC)	Estoque de segurança (ES) "CD × TE"	Lote de reposição (LR) "CM / FC"	Estoque máximo "ES + LR"	Ponto de pedido "CD × TE + ES"
LARANJA PERA RIO TIPO 13	KG	4.000,00	133,33	1	20	133,33	200,00	333,33	267
OLEO DE SOJA GF 900 ML	UND	240,00	8,00	3	4	24,00	60,00	84,00	48
CREME DE LEITE LATA 390 G	UND	18,00	0,60	4	4	2,40	4,50	6,90	5
VINAGRE MACA GF 720 ML	UND	60,00	2,00	3	4	6,00	15,00	21,00	12
FILE MIGNON 4/5 SEM CORDAO	KG	3.500,00	116,67	3	8	350,00	437,50	787,50	700

Figura 7.4 | Estoque de segurança, estoque máximo e ponto de pedido.

Repetimos: administrar corretamente o estoque é mantê-lo com o custo mais baixo possível, evitando rupturas para não perder vendas. Assim, indicadores como estoque de segurança, estoque máximo e ponto de pedido devem ser criados e mantidos para que a gestão do estoque seja exata e possa trazer mais lucratividade ao empreendimento.

INVENTÁRIOS

Fonseca (2014) diz que o inventário é um dos instrumentos de documentação e de verificação mais importantes para controlar o desempenho de um negócio.

Segundo Alves (2018), inventário consiste na ação de identificar, classificar e contar os materiais armazenados, para conferir se todas as informações estão coerentes com a realidade e com as informações de entrada e de saída dos materiais.

Já Cruz e Pereira (2015) afirmam que inventário é a contagem dos materiais estocados. Ele é feito para ajustar alguma diferença que possa haver entre a quantidade física dos itens no almoxarifado e a quantidade que aparece nas planilhas de controle do estoque. Essas divergências podem acontecer porque:

- alguns produtos se danificam;
- alguns produtos "vencem", isto é, têm o prazo de validade expirado;
- ocorre retirada de produtos sem que o registro de saída seja feito;
- alguns produtos são furtados.

No fim da contagem, as divergências encontradas são registradas e justificadas, e isso fica como um histórico para os inventários seguintes. Assim, a realização constante de inventários serve para verificar como está o funcionamento do trabalho no almoxarifado.

O inventário de estoque pode ser rotativo ou periódico.

- **Rotativo:** ocorre quando o estoque é submetido a uma contagem conforme uma frequência predeterminada pelo empreendimento (por exemplo, diária, semanal, quinzenal, mensal, entre outras). Assim, as informações de estoque são atualizadas em períodos, conforme as necessidades de suprir uma demanda com mercadorias.

- **Periódico:** é realizado quando o empreendimento determina que seja efetuada no final de um período. O objetivo desse tipo de inventário é atualizar as informações no sistema de estoque, elaborando demonstrativos financeiros e corrigindo possíveis falhas humanas que podem ter ocorrido durante aquele determinado período.

A realização de inventários – sejam rotativos ou periódicos – traz importantes benefícios ao negócio de A&B, como explicado a seguir.

- Geralmente, quando a prática não existe no empreendimento ou não há um controle de estoque efetivo, pode haver falta de mercadoria. Essa falta pode se dar por falha na reposição ou porque a mercadoria perdeu a validade antes de ser utilizada (o que ocorre com estoques demasiadamente altos; ou seja, o excesso acaba provocando a falta). Assim, a realização de inventários com critério evita que o cliente possa ficar sem algum dos produtos de venda.
- Como já falamos, o inventário possibilita redução de custos e evita desperdícios, pois, quando sabemos o que realmente existe no estoque, sabemos exatamente quanto temos de comprar.
- Torna-se bem mais fácil realizar a conferência do que entrou e do que saiu, bem como encontrar possíveis extravios.
- Quando um estabelecimento tem divergências de inventários ou quando as contagens são executadas incorretamente, geram-se informações erradas que podem comprometer a tomada de decisões estratégicas. Daí a necessidade de estabelecer essa prática de forma organizada e executá-la com eficiência.

Segundo Alves (2018), as medidas a seguir possibilitam a realização de um inventário eficiente nos empreendimentos de A&B.

- Definir o tipo de inventário a ser executado (rotativo ou periódico).
- Se possível, realizar o inventário em um dia no qual não haja entrada nem saída de mercadorias.
- Categorizar as mercadorias, para reduzir o tempo de trabalho. Essa mesma categorização deve estar na lista de contagem que o responsável utiliza durante o processo, pois o ajuda a encontrar a mercadoria e contá-la.
- Contar cada uma das mercadorias e somar as unidades. Se encontrar unidades diferentes de estoque em setores diferentes, converter sempre para a unidade correta considerada para o estoque e o inventário.

- Caso o empreendimento tenha um *software* de gestão, compreender os processos que o sistema exige para a realização do inventário e, mais uma vez, ter cuidado com as conversões de unidades de medida dos produtos.

PRODUÇÃO

A produção é o coração de todo negócio de A&B, seja ela uma cozinha, um setor produtivo de linha de itens alimentícios (por exemplo, uma fábrica de salgados) ou até mesmo um bar no qual as bebidas são preparadas. Na produção está o pulsar do estabelecimento, e nela podemos ver a força que faz com que o empreendimento caminhe.

Da mesma forma que o gestor planeja como será o empreendimento, envolvendo a estrutura e a ambientação, o cardápio, a mão de obra necessária, a estratégia de divulgação, é necessário pensar como será o setor produtivo, afinal ele influenciará diretamente o funcionamento do negócio.

Na montagem do setor de produção, é preciso ter em mente a real necessidade quanto a equipamentos e utensílios, porém, para haver a definição de tudo isso, deve-se antes ter o conhecimento das matérias-primas que serão utilizadas. Por exemplo, caso seja servido suco de laranja *in natura*, provavelmente um espremedor terá de ser comprado; caso o cardápio venha a ter muitas frituras, talvez uma fritadeira será necessária.

Assim, vemos novamente a necessidade de definição das matérias-primas, conforme apresentado no capítulo 2 (ver página 24), para a tomada de várias decisões importantes para o sucesso do empreendimento.

Esse cuidado que a produção deve ter com as matérias-primas envolve, inclusive, o desenvolvimento de mercadorias que se mostrem sempre viáveis. Caso sejam definidas matérias-primas raras ou sazonais, deve haver a possibilidade de serem estocadas por longos períodos. Assim, o setor de compras deve contar com a ajuda da produção no desenvolvimento e na seleção de fornecedores, para que o cliente não deixe de ser atendido.

É no processo produtivo que ocorre o momento em que a produção solicita os materiais que serão utilizados no dia conforme o planejamento de venda ou os produtos acabados que se encontram no estoque, seguindo sempre as informações das fichas técnicas.

PREVISÃO DE PRODUÇÃO

Em alguns trabalhos que realizamos, quando falamos de previsão de produção, ouvimos questões como: "A quantidade de materiais que compramos para salada nunca é suficiente... o que está errado?". Essa pergunta tem uma resposta muito óbvia: é falta de planejamento! No entanto, após falarmos sobre planejamento, a frase seguinte que ouvimos é: "Temos muita coisa a fazer, então o planejamento fica pra depois. Primeiro apagamos o fogo; em segundo, apagamos o fogo; em terceiro, apagamos o fogo... Todos os dias apagamos o fogo e não temos tempo para planejamento".

Costa (2016) nos faz refletir quando diz que o maior problema de um empreendimento é não definir claramente o motivo de sua criação. Antes de qualquer processo, portanto, a definição do cardápio ou do escopo de produtos é de suma importância para o negócio a ser criado. Se falarmos, por exemplo, em cardápio ou na relação de produtos a serem fabricados ou revendidos, Braga (2017) ressalta a extraordinária importância dessa peça para o sucesso do restaurante. Já Nogueira, Neto e Ueno (2014) reforçam que é com base no cardápio, na definição de produtos que o estabelecimento terá, que as fichas técnicas são elaboradas.

Alves (2018) inclui a importância do histórico de vendas para o planejamento de produção e, consequentemente, das compras (ver página 123).

E, quando falamos de previsão de produção, temos de citar novamente a importância da utilização da ficha técnica de produtos, pois estas servem como ferramenta de padronização de produtos e de explosão de receitas, como explicamos no capítulo 4 (ver página 78).

Padronização de produto

A definição de Vasconcellos, Cavalcanti e Barbosa (2002) sobre a ficha técnica é simples, porém importante: segundo eles, é uma receita padronizada na qual são discriminados todos os ingredientes utilizados, constituindo-se em um instrumento gerencial e de apoio operacional pelo qual se faz o levantamento dos custos e se ordenam as etapas de preparação dos produtos que serão disponibilizados aos clientes.

Teichmann (1987) afirma que toda empresa que trabalha com A&B elaborados deve e precisa manter um padrão de qualidade que se mantenha inalterado ao longo do tempo. Para isso, é imprescindível que o estabelecimento tenha fichas técnicas de todos os produtos, contendo todos os critérios estabelecidos para a elaboração, incluindo a especificação de cada matéria-prima, as quantidades a serem utilizadas e os custos, entre outras informações.

Os benefícios trazidos pela utilização das fichas técnicas podem ser resumidos a seguir.

- Permite que o preparo seja sempre o mesmo, independentemente do profissional que o executará.
- Fixa as quantidades de matérias-primas, fortalecendo o conceito de que o produto final sempre terá o mesmo padrão.
- Torna mais simples a execução das receitas.
- Facilita o treinamento de um colaborador.
- Contribui para a fidelização do cliente, pois este sabe que não terá surpresas quando solicitar um produto.
- Esclarece a qualquer pessoa do estabelecimento a composição de cada produto, em caso, por exemplo, de um cliente com restrição alimentar perguntar sobre do que é feito um prato.
- Mantém o padrão caso o estabelecimento tenha mais de uma unidade.

Silva (2008) reitera a importância de que a ficha técnica seja efetuada inclusive para receitas habituais, que são consideradas básicas (por exemplo, arroz e feijão).

Explosão de receitas

A partir do fato de que um dos principais objetivos da ficha técnica é tornar uma receita reproduzível e de que esse instrumento apresenta todos os ingredientes e quantidades utilizados, podemos não apenas reproduzi-la, mas, também fazê-la em qualquer volume que desejemos. Para isso, basta aplicar a porcentagem de aumento ou de redução da quantidade e/ou do rendimento pretendidos.

A figura 8.1 apresenta a ficha técnica referente ao preparo de um feijão-carioca cozido. As quantidades de matérias-primas para 120 porções com 56 g (cada porção) de feijão-carioca cru (após selecionado) são:

- 6 kg de feijão-carioca tipo 1;
- 500 g de cebola média *in natura*;
- 90 g de alho *in natura*;
- 240 mL de óleo de soja;
- 200 g de sal refinado.

Agora vamos imaginar que queremos fazer não apenas 120 porções, mas 300 porções de feijão-carioca cozido. O fator que deverá ser utilizado para o cálculo da necessidade das matérias-primas será de 2,5 (300 / 120), significando, portanto, que queremos aumentar em 2,5 a receita:

- Feijão-carioca: 6 kg × 2,5 = 15 kg;
- cebola média *in natura*: 500 g × 2,5 = 1.250 g;
- alho *in natura*: 90 g × 2,5 = 225 g;
- óleo de soja: 240 mL × 2,5 = 600 mL;
- sal refinado = 200 g × 2,5 = 500 g.

FICHA TÉCNICA					
Nome do produto	FEIJAO CARIOCA COZIDO				
Rendimento	120				
Matéria-prima	Quant. líquida	UND	% de rendim.	Quant. bruta	Quant. *per capita*
FEIJAO CARIOCA TIPO 1	5,714	KG	95,24%	6,000	0,048
CEBOLA MEDIA IN NATURA	0,446	KG	89,00%	0,500	0,004
ALHO IN NATURA	0,083	KG	92,00%	0,090	0,001
OLEO DE SOJA	0,240	L	100,00%	0,240	0,002
SAL REFINADO	0,200	KG	100,00%	0,200	0,002
Quant. total *per capita* (kg)	0,056				

EXPLOSÃO DE RECEITA					
Quantidade para produção	300				
Matéria-prima	Quant. líquida	UND	% de rendim.	Quant. bruta	Quant. *per capita*
FEIJAO CARIOCA TIPO 1	14,286	KG	95,24%	15,000	0,048
CEBOLA MEDIA IN NATURA	1,115	KG	89,00%	1,250	0,004
ALHO IN NATURA	0,207	KG	92,00%	0,225	0,001
OLEO DE SOJA	0,600	L	100,00%	0,600	0,002
SAL REFINADO	0,500	KG	100,00%	0,500	0,002
Quant. total *per capita* (kg)	0,056				

Figura 8.1 | Exemplos de ficha técnica e explosão de receita.

Note que, embora as quantidades brutas aumentem de acordo com a necessidade de aumento nas porções produzidas, as porcentagens de rendimento não mudam. Isso é o reflexo, escrito, do padrão mantido no resultado da receita.

Outro exemplo de ficha técnica com explosão de receita foi apresentado no capítulo 4 (ver página 79).

A nova ficha técnica com as quantidades recomendadas para 300 porções deve, então, ser enviada para a área de produção.

FATOR DE CORREÇÃO E ÍNDICE DE COCÇÃO

Quando falamos de produção, estamos nos referindo a uma atividade que gerará resultados que poderão ser medidos, avaliados e comparados, ou seja, a atividade de produção pode criar indicadores. Indicadores servem basicamente como instrumentos de gestão para que saibamos o resultado de um negócio, de um projeto ou de uma atividade.

Se for possível, então, medir a produção, será possível estabelecer metas para que se obtenham melhores resultados, como aumento da qualidade, aumento de lucratividade e redução de desperdícios.

Segundo Costa (2016), indicadores servem para comparar dois ou mais elementos, gerando uma indicação da relação ou medida de uma situação, bem como uma representação sintética dessa situação.

Os indicadores operacionais dão uma ideia da eficiência, da eficácia e da efetividade que está havendo em uma produção. Eles mostram o rendimento das matérias-primas utilizadas, o desperdício que acontece no processo e o custo real dos produtos finais, entre outros fatores.

Com base nesses indicadores, é possível corrigir a forma de preparo ou de produção, definir o melhor padrão de produto a ser comprado, repensar o que poderia ser feito com as sobras limpas (sobras que não foram servidas), enfim, com os indicadores operacionais, é possível melhorar a rentabilidade do negócio.

Os indicadores mais conhecidos e utilizados para gerir a produção em negócios de A&B são o fator de correção e o índice de cocção.

Fator de correção

Sabemos que, quando compramos as matérias-primas para a preparação ou a fabricação dos produtos, nem sempre elas se encontram prontas para ser utilizadas. Elas precisam ser manipuladas, e nessa manipulação podem ocorrer perdas que devem ser consideradas na previsão de compra e no custo do produto final. Podemos resumir, então, que fator de correção (FC) se refere às perdas que ocorrem com o alimento em seu pré-preparo.

Tecnicamente, o fator de correção é a mensuração da relação entre o peso bruto (PB) e o peso limpo (PL), sabendo que o peso bruto é o peso da matéria-prima como o fornecedor entrega e o peso limpo é o peso depois da manipulação (ou seja, a matéria-prima pronta para uso).

Com essas considerações, temos a seguinte fórmula:

FC (fator de correção) = PB (peso bruto) / PL (peso limpo)

Vamos considerar que compramos 100 kg de batata e que, após elas serem limpas e/ou manipuladas, obtenhamos 85 kg de batata pronta para uso.

Aplicando a fórmula:

FC = 100 kg / 85 kg = 1,17

Concluímos, então, que quanto maior for o desperdício maior será o fator de correção.

Em uma ficha técnica, sempre teremos a quantidade líquida de matéria-prima que será utilizada, ou seja, a quantidade após a manipulação.

Por exemplo, se tivermos uma projeção de venda de 400 unidades de um produto que utilize 500 g de batata por produto, será necessário aplicar o raciocínio a seguir para a compra dessa matéria-prima.

- **Quantidade de produtos:** 400 unidades × 500 g por unidade = 200 kg.
- **Quantidade para a compra:** 200 kg × 1,17 (fator de correção) = 234 kg.

Segundo esse exemplo, será preciso adquirir 234 kg de batata (e não apenas 200 kg), para que, após a limpeza e/ou a manipulação, haja batata suficiente para o preparo das 400 unidades projetadas. E podemos obter a informação de que 34 kg de matéria-prima são desperdiçados no processo de produção.

Quando compramos uma matéria-prima de qualidade ruim ou fora de nossa especificação ou, então, quando essa matéria-prima passa por um pré-preparo sem o devido cuidado, pode haver alteração no fator de correção. Ou seja, é preciso considerar que o fator de correção pode se modificar dependendo da entressafra da matéria-prima, da sua origem, do fornecedor, do método e dos equipamentos utilizados na produção e da qualidade de manipulação do colaborador.

Todo empreendimento voltado à alimentação deve conhecer muito bem os fatores de correção de suas matérias-primas ou de seus produtos.

O quadro 8.1 apresenta alguns dos principais produtos utilizados em negócios de A&B e os fatores de correção mais comuns. Mas ressaltamos a necessidade de cada negócio elaborar a sua própria lista.

Quadro 8.1 | Fator de correção de produtos comuns em negócios de A&B.

Tipo de produto	Item	Fator de correção
Aves	Asa de frango	2,24
	Coxa de frango	1,50
	Sobrecoxa de frango	1,31
	Peito de frango	1,39
Carne bovina	Acém	1,17
	Alcatra	1,16
	Bucho	1,11
	Carne-seca	1,11
	Contrafilé	1,25
	Coração	1,30
	Costela	1,08
	Coxão duro	1,08
	Coxão mole	1,05
	Fígado	1,07
	Lagarto	1,15
	Língua	1,20
	Maminha	1,26
	Miolo	1,16
	Músculo	1,12
	Patinho	1,14
	Picanha	1,27
Carne suína	Costela	1,65
	Porco inteiro (com osso)	1,42
	Porco inteiro (sem osso)	1,19
	Torresmo	1,80
	Toucinho	1,09
Cereais	Arroz integral	1,01
	Arroz parboilizado	1,00
	Arroz polido	1,00
	Ervilha	1,03
	Feijão-carioca	1,05

(cont.)

Tipo de produto	Item	Fator de correção
Cereais	Feijão-branco	1,00
	Feijão-preto	1,02
	Grão-de-bico	1,02
	Lentilha	1,01
Hortifrúti	Abacate	1,51
	Abacaxi	1,89
	Abóbora	1,33
	Abobrinha	1,26
	Acelga	1,42
	Agrião	1,78
	Alface-crespa	1,46
	Alface lisa	1,31
	Alho	1,08
	Almeirão	1,12
	Ameixa	1,25
	Amora	2,11
	Banana-da-terra	1,39
	Banana-maçã	1,58
	Banana-nanica	1,66
	Banana-prata	1,51
	Batata	1,16
	Batata-doce	1,21
	Berinjela	1,08
	Beterraba	1,53
	Brócolis	2,56
	Caju	1,26
	Caqui	1,08
	Cebola	1,53
	Cebolinha	1,18
	Cenoura	1,16
	Cereja	1,22
	Chicória	1,35
	Chuchu	1,35
	Coco maduro	1,79
	Coco-verde	3,02
	Coentro	1,26
	Couve	1,50
	Couve-flor	2,24
	Ervilha-torta	1,03
	Escarola	1,71
	Espinafre	1,79
	Goiaba	1,22
	Hortelã	1,36
	Inhame	1,40
	Jiló	1,08

(cont.)

Tipo de produto	Item	Fator de correção
Hortifrúti	Laranja-pera	1,61
	Limão comum	2,26
	Maçã nacional	1,24
	Mamão	1,63
	Mandioca	1,31
	Mandioquinha	1,15
	Manga	1,61
	Manjerona	1,25
	Maracujá azedo	2,04
	Melancia	2,12
	Melão	1,04
	Milho-verde	2,43
	Morango	1,12
	Pepino	1,17
	Pera	1,20
	Pêssego	1,25
	Quiabo	1,31
	Repolho	1,35
	Rúcula	1,57
	Salsa	1,44
	Tangerina	1,36
	Tomate	1,61
	Uva-branca	1,21
	Uva preta	1,31
	Vagem	1,26
Ovos	Ovo de codorna	1,13
	Ovo de galinha	1,13
Peixes e frutos do mar	Atum	1,18
	Bacalhau	2,52
	Cação	1,18
	Camarão inteiro	2,75
	Camarão salgado	1,32
	Camarão sem cabeça	1,58
	Caranguejo	8,33
	Corvina	1,19
	Dourado	1,18
	Garoupa	1,13
	Lagosta	1,72
	Lula	1,16
	Manjuba	1,14
	Pacu	1,13
	Pescadinha	2,00
	Pintado	1,03
	Salmão	2,17
	Sardinha	1,70
	Tainha	1,22

Fonte: Braga (2017).

CASO 21 – ACOMPANHAMENTO DO FATOR DE CORREÇÃO

Estabelecimento
Rede de restaurantes, com unidades na cidade de São Paulo.

Cenário encontrado
O restaurante gerenciava todos os fatores de correção de seus produtos por meio de um documento chamado ordem de produção, o qual informava o peso bruto que era encaminhado, o corte que deveria ser executado e o peso limpo que deveria ser entregue para a produção.

Um dia, esse documento foi encaminhado para a produção com as informações mostradas na figura a seguir.

ORDEM DE PRODUÇÃO DE HORTIFRÚTI					
Data da preparação: / /				
Produto	Peso bruto (kg)	Preparação	Fator de correção	Peso limpo (kg)
BATATA INGLESA	8	SOUTE	1,25	6,40
BATATA INGLESA	6	RUSTICA COM CASCA	1,10	5,45
CHUCHU	7	MEIA LUA	1,40	5,00
CENOURA	2	RALADA	1,10	1,82
CENOURA	6	CUBO 10 SOPA	1,10	5,45
ALFACE CRESPA	10	RASGADA	1,20	8,33

Ordem de produção do restaurante.

Assim, nesse dia foram encaminhados 10 kg de alface-crespa, que deveriam ser rasgadas para serem obtidos 8,33 kg da verdura. No entanto, após a produção ter sido executada, percebeu-se o resultado mostrado na figura a seguir.

ALFACE CRESPA	10	RASGADA	1,56	6,40

Ordem de produção do restaurante com alteração no fator de produção da alface-crespa.

Os 10 kg de alface-crespa, que deveriam ter rendido 8,33 kg do produto manipulado, geraram apenas 6,40 kg, ou seja, 1,93 kg a menos: um fator de correção de 1,56 contra o fator de 1,20 esperado.

Encaminhamento e soluções

Após a análise do ocorrido, percebeu-se que a alface-crespa entregue pelo fornecedor era de qualidade inferior, o que gerou o fator de correção maior.

Foi sugerido, então, um monitoramento dos fatores de correção dos produtos com a criação de uma planilha eletrônica como a mostrada a seguir.

PLANILHA DE MONITORAMENTO DE FATOR DE CORREÇÃO							
BASE DE CÁLCULO						NOVAS NECESSIDADES	
Data	Produto	Finalidade de uso	Peso bruto (kg)	Peso limpo (kg)	Fator de correção	Peso limpo (kg)	Novo peso bruto (kg)
14/9/2018	BATATA	PURE	10,50	9,50	1,11	15,00	16,58
15/9/2018	BATATA	BATATA RUSTICA	10,00	9,80	1,02	6,00	6,12
15/9/2018	TOMATE RODELA	SALADA	8,00	6,00	1,33	7,00	9,33
16/9/2018	TOMATE MEIA LUA	SALADA	8,00	7,50	1,07	5,00	5,33
16/9/2018	ABACAXI	FATIA	1,80	0,90	2,00	4,00	8,00

Planilha de monitoramento de fator de correção.

Resultados

Controle mais efetivo do fator de correção dos produtos utilizados no restaurante. A planilha sugerida permitia ao gestor realizar as avaliações de suas matérias-primas informando o peso bruto, o peso limpo e, então, obtendo o fator de correção de cada uma delas. Quando fosse necessária alguma produção diferente daquela de quando tinha sido feita a primeira avaliação, fazia-se a inserção do peso limpo a ser utilizado, e com o fator de correção já conhecido automaticamente se obtinham os valores mostrados na coluna "Novo peso bruto (kg)", ou seja, as quantidades de matéria-prima bruta para a nova produção.

No exemplo, na primeira linha tínhamos a batata utilizada para o purê; 10,50 kg de batata apresentavam rendimento de 9,50 kg de batata limpa (fator de correção de 1,11). Em um segundo momento, houve a necessidade de obter 15 kg de purê pronto. Em razão do fator de correção anterior, chegou-se à quantidade de 16,58 kg de batata bruta (15 kg × 1,11).

Índice de cocção

Se considerarmos que cocção se refere às técnicas de preparo de alimentos – como cozinhar, fritar ou assar –, para que haja produtos prontos para consumo, temos, então, a definição de que índice de cocção (IC) é a relação do peso cozido (PC) e do peso limpo (PL) do produto.

Assim, temos a seguinte fórmula para o cálculo do IC:

$$IC \text{ (índice de cocção)} = PC \text{ (peso cozido)} / PL \text{ (peso limpo)}$$

O índice de cocção é bastante utilizado pelos *chefs* na definição do peso do produto ou do prato final e está totalmente ligado à perda de água, retração das fibras de carnes e vegetais e à hidratação (absorção de água pelo amido ocorrida nos cereais e leguminosas).

Vale ressaltar que o índice de cocção poderá ser maior ou menor dependendo da forma de preparo, do equipamento utilizado, do tempo de cocção e da temperatura.

Vamos imaginar que um prato que será servido em um restaurante deverá ter no mínimo 200 g de carne. O cliente espera consumir 200 g de carne e nada menos que isso! Para que o prato tenha essa gramatura final, o *chef* separou 300 g dessa carne *in natura* (e já limpa), pois, após passar pelo processo de cocção, atingirá os 200 g finais esperados.

Aplicando a fórmula:

$$IC = 200 \text{ g} / 300 \text{ g} = 0{,}67$$

Assim, o índice de cocção dessa matéria-prima é de 0,67, ou seja, para que se obtenham 200 g de produto final, são necessários 300 g de matéria-prima limpa.

Outro exemplo de índice de cocção é o referente ao preparo de arroz agulhinha. Para isso, utilizamos 500 g do produto cru, que, após o cozimento, transformam-se em 1,5 kg de produto final. Ou seja:

$$IC = 1.500 \text{ g} / 500 \text{ g} = 3{,}0$$

Desta vez, percebemos que a matéria-prima rendeu mais após o processo de cocção, ou seja, não houve perda, mas ganho no processo produtivo.

Na prática, no preparo de outra quantidade de arroz agulhinha, aplicando o rendimento de 3,0 é possível saber quanto de arroz cozido será obtido seguindo a mesma receita dos 500 g.

Um índice de cocção abaixo de 1,0 significa que está havendo perda durante o processo de cocção. Índice acima de 1,0 significa ganho com o processo.

O quadro 8.2 apresenta o índice de cocção de alguns alimentos. Mas ressaltamos que cada negócio deve fazer sua própria lista com seus reais índices, para melhor controle do processo.

Quadro 8.2 | Índices de cocção de alguns alimentos comuns em negócios de A&B.

Alimento	Índice de cocção
Carnes com muita gordura (de 2ª ou de 3ª, suínas).	De 0,4 a 0,5.
Carnes com pouca gordura (de 1ª e nobres).	De 0,6 a 0,7.
Cereais (arroz, aveia, milho, trigo, canjica).	De 2,0 a 3,0.
Hortaliças (folhosas): • calor misto (com pouco tempo); • calor misto (refogar com água).	De 0,5 a 0,6. De 0,4 a 0,5.
Legumes (frutos).	De 0,6 a 0,7.
Leguminosas (feijões, grão-de-bico, soja, lentilha).	De 2,0 a 2,5.
Tubérculos.	De 0,9 a 1,0.

Fonte: Braga (2017).

Existem processos produtivos que podem alterar o índice de cocção de alguns produtos – por exemplo, preparar o arroz agulhinha em forno combinado em vez de fazê-lo em panela comum. Nessa substituição, o índice de cocção iria de 3,0 para 3,2 ou mais, o que aumentaria o rendimento da matéria-prima e, consequentemente, reduziria o custo do produto final, porque para obter os mesmos 1.500 g de arroz cozido seriam necessários 468 g e não 500 g. Ou seja, uma economia de 32 g.

Por isso, vale muito a pena dedicar tempo à análise dos índices de cocção de cada produto utilizado, para que o empreendimento conheça as melhores matérias-primas e estabeleça os processos que permitam melhor lucratividade.

Em relação ao índice de cocção de carnes, a perda de água e o controle de tempo e temperatura têm papel fundamental no resultado.

Da mesma forma que sugerimos a criação de uma planilha eletrônica para o monitoramento do fator de correção, podemos criar uma planilha para o monitoramento do índice de cocção.

No modelo apresentado na figura 8.2, temos um exemplo de avaliação de preparo de abobrinha. Em um dia, foi recebido um produto um pouco mais velho que o habitual; em outro, uma abobrinha bem mais nova.

A abobrinha velha gerou um índice de cocção de 0,67; a nova, um índice de cocção de 0,94. Ou seja, exigir que o fornecedor entregue uma abobrinha sempre nova é de grande importância para a qualidade do produto final e para a lucratividade do negócio.

Na coluna das novas necessidades, se fôssemos precisar de 2 kg (peso líquido, ou seja, produto cozido) de abobrinha, pelo índice de cocção gerado da abobrinha velha necessitaríamos de 3 kg do produto cru e limpo. Pelo índice de cocção da abobrinha nova, precisaríamos de 2,133 kg, ou seja, 867 g menos de matéria-prima.

PLANILHA DE MONITORAMENTO DE ÍNDICE DE COCÇÃO								
BASE DE CÁLCULO							NOVAS NECESSIDADES	
Data	Produto	Finalidade de uso	Peso limpo (produto cru)	Peso líquido (produto cozido)	Preparo	Índice de cocção	Peso líquido (produto cozido)	Novo peso limpo (produto cru)
14/9/2018	CARNE MOIDA	BOLONHESA	10,000	7,000	FOGAO	0,70	5,500	7,857
15/9/2018	CARNE MOIDA	BOLONHESA	10,000	8,000	FORNO COMBINADO	0,80	15,000	18,750
15/9/2018	ABOBRINHA VELHA	VAPOR	0,210	0,140	FORNO COMBINADO	0,67	2,000	3,000
16/9/2018	ABOBRINHA NOVA	VAPOR	0,160	0,150	FORNO COMBINADO	0,94	2,000	2,133

Figura 8.2 | Planilha de monitoramento de índice de cocção.

CASO 22 – ACOMPANHAMENTO DO ÍNDICE DE COCÇÃO

Estabelecimento
Restaurante localizado no interior do estado de Minas Gerais.

Cenário encontrado
O estabelecimento não tinha um padrão quanto ao preparo do coxão duro assado. Algumas vezes utilizavam o forno combinado; em outras ocasiões, preferiam usar o fogão comum (cozimento em panela). Havia a dúvida sobre qual seria o melhor processo. Descobrir o índice de cocção se tornava especialmente importante na medida em que as proteínas são uma matéria-prima de custo elevado.

Encaminhamento e soluções
Realizamos o teste comparativo e obtivemos as informações mostradas no quadro a seguir.

Corte	Peso limpo (kg)	Preparo	Índice de cocção	Peso líquido (produto cozido) (kg)
Coxão duro assado	10	No forno combinado	0,70	7
Coxão duro assado	10	Em panela no fogão	0,50	5

Índice de cocção impactado pelo uso de forno combinado e de fogão para um mesmo produto.

Se considerarmos esses índices (0,70 em forno combinado e 0,50 em panela no fogão), para cada 10 kg de coxão duro perderíamos 2 kg a mais de produto, apenas por causa da forma de preparo – o que, claro, traria grandes prejuízos ao negócio.

Também foi feita avaliação do índice de cocção do arroz branco (com o arroz-agulhinha tipo 1). O rendimento do arroz depende da quantidade de água e do tamanho da panela. Assim, para o preparo correto desse arroz, é preciso medir a água corretamente e a panela ser suficientemente grande para os grãos se expandirem.

A ficha técnica do arroz branco do restaurante informava que, para cada 5 kg do produto, obtinham-se 12 kg de arroz cozido, com a utilização de 1,2 medida de água para cada 1 medida de arroz. O índice de cocção, portanto, era de 2,40.

O correto preparo de arroz prevê que, para cada medida de arroz, devem-se utilizar 2 vezes a medida de água, conforme mostra a foto a seguir.

Quantidade de água em relação à de arroz para obtenção do melhor índice de cocção.

Assim, realizamos o preparo dos 5 kg de arroz agulhinha considerando essa proporção de 1 medida de arroz e 2 medidas de água. Utilizamos, também, uma panela maior, para possibilitar que os grãos se expandissem mais. O resultado obtido foi 35% melhor: 16,20 kg de arroz branco cozido, ou seja, 4,20 kg a mais. O índice de cocção aumentou para 3,24.

Produto	Peso bruto (kg)	Prato	Índice de cocção	Peso cozido (kg)	Preparo
Arroz agulhinha	5	Arroz branco	2,40	12,00	1 medida de arroz e 1,2 medida de água
Arroz agulhinha	5	Arroz branco	3,24	16,20	1 medida de arroz e 2 medidas de água

Índice de cocção impactado pela medida de água no preparo do arroz agulhinha.

Resultados

O estabelecimento nunca mais fez coxão duro assado no fogão, e foi padronizada a relação de 2 medidas de água para 1 medida de arroz agulhinha. A adoção de práticas relacionadas a melhores índices de cocção fez aumentar a lucratividade do negócio.

RENDIMENTO DE PRODUTOS

Este é outro indicador operacional bastante usado em negócios de A&B. Conhecer o rendimento de cada prato ou produto fabricado é de extrema importância para a gestão do empreendimento, e poder medi-lo é ter condições de avaliar os resultados, identificar possíveis desvios e garantir a qualidade final. A informação do rendimento normalmente é disponibilizada na ficha técnica.

Embora o cálculo do fator de rendimento (FR) seja diferente do cálculo do fator de correção, esses dois indicadores proporcionam análises bem parecidas. Ambos ajudam a determinar as quantidades corretas que devem ser compradas e, claro, a calcular o custo real do produto comprado.

O cálculo do fator de rendimento consiste na relação entre o peso líquido (obtido após o cozimento) e o peso bruto. É importante repetir que o peso bruto é obtido na pesagem do alimento antes de ser usado, como recebemos do fornecedor, sem qualquer manipulação.

Temos, então, a fórmula do fator de rendimento:

FR (fator de rendimento) = PL (peso líquido) / PB (peso bruto)

Vamos imaginar que compramos 2,5 kg de carne (peso bruto) e que precisamos remover algumas aparas. Nesse processo de limpeza, sobram 2,0 kg (peso limpo).

Aplicando a fórmula:

FR = 2,0 kg / 2,5 kg = 0,80 ou 80%

Portanto, para essa carne comprada o fator de rendimento é de 80%, ou seja, são perdidos 20% com a limpeza do produto.

O fator de rendimento também pode ser positivo, isto é, o peso líquido (ou seja, após o cozimento) pode ser maior que o bruto, como nos casos do arroz, do feijão e das massas.

Esse indicador é especialmente importante porque, em alguns casos, vale a pena avaliar se é mais vantajoso comprar as matérias-primas em peça ou *in natura*, ou, então, já porcionadas ou em filés (em caso de carnes e peixes) ou limpas e higienizadas (em caso de itens de hortifrúti).

Quando calculamos o preço real de compra das mercadorias que adquirimos, temos a vantagem de conhecer a real viabilidade da compra. Também conseguimos pesquisar preços considerando as possíveis diferenças de rendimento, além de buscar produtos diferentes no mercado com potencial para substituir outros que não sejam viáveis em razão do custo ou das perdas que geram.

CASO 23 – FATOR DE RENDIMENTO APLICADO EM MASSAS

Estabelecimento
Restaurante localizado na cidade de São Paulo.

Cenário encontrado
O proprietário, após conhecer o conceito e a importância do fator de rendimento de cada matéria-prima, quis saber se esse indicador poderia ser utilizado para as massas que eram servidas no restaurante.

Encaminhamento e soluções
O fator de rendimento pode, sim, ser usado em massas. Realizamos uma avaliação em dois produtos: fettuccine (massa longa) e penne (massa curta).

O resultado foi tabulado como mostra o quadro a seguir.

Quesito avaliado	Fettuccine (massa longa)	Penne (massa curta)
Quantidade de massa seca utilizada	5 kg	5 kg
Quantidade de massa após o cozimento	12,5 kg	10,8 kg
Fator de rendimento	2,50	2,16
Preço do quilo da massa seca	R$ 5,50	R$ 5,50
Peso do prato a ser servido	300 g	300 g
Quantidade de pratos após o cozimento	42	36
Custo do prato final	R$ 0,65	R$ 0,76
Diferença	-R$ 0,109 ou -14,29%	

Fator de rendimento do fettuccine × fator de rendimento do penne.

Resultados
Com base nos dados obtidos, o restaurante pôde montar seu cardápio sabendo o produto que poderia trazer melhores resultados. No caso, o fettuccine, por ter um fator de rendimento maior que o do penne (o custo final do prato seria 14,29% menor).

CASO 24 – FATOR DE RENDIMENTO APLICADO NO SALMÃO

Estabelecimento
Restaurante japonês localizado na cidade de São Paulo.

Cenário encontrado
O restaurante não realizava o controle de produção da limpeza do salmão, motivo pelo qual desconhecia o fator de rendimento de sua principal matéria-prima. O proprietário calculava, como custo para os seus produtos finais, o valor de R$ 30,00/kg que pagava pelo salmão.

Encaminhamento e soluções
Após iniciarmos o controle da limpeza do salmão, foi percebido que o fator de rendimento ficava em torno de 72%:

> FR = 330 kg (peso líquido) / 460 kg (peso bruto) = 0,72 ou 72%

Conhecendo esses dados, foi possível calcular o valor real do custo do salmão após a limpeza:

- **preço total bruto:** R$ 30,00/kg × 460 kg = R$ 13.800,00;
- **custo real do salmão limpo:** R$ 13.800,00 / 330 kg (peso líquido) = R$ 41,82/kg.

Resultados
O proprietário passou a considerar, em seus cálculos de custos para a formação do preço de venda, o valor de R$ 41,82/kg, e não mais apenas os R$ 30,00/kg que considerava antes.

Planilha de controle

Podemos criar uma planilha eletrônica para ajudar a monitorar os fatores de rendimento. Esse monitoramento permite ao gestor atuar imediatamente caso algo fuja dos parâmetros estabelecidos como metas de resultados.

A figura 8.3 apresenta um modelo de controle de cortes de carnes tomando como exemplo o miolo de alcatra. Os campos dessa planilha são os descritos a seguir.

- **Data de uso:** data em que o produto foi utilizado na preparação (no exemplo, 27 de março).
- **Corte:** a descrição da mercadoria que será submetida ao processo produtivo.
- **Fornecedor/frigorífico:** o fornecedor da mercadoria (essa informação permite que posteriormente se comparem os rendimentos de fornecedores diferentes).
- **Marca:** nome da marca da mercadoria (também possibilita comparação quando há várias em análise).
- **Preço de compra (kg):** valor pago pela mercadoria (segundo o exemplo, R$ 21,50/kg).
- **Preparo:** processo a que a mercadoria será submetida (no exemplo, o miolo de alcatra será servido grelhado).
- **Gramagem *per capita* (kg):** peso que a mercadoria deverá ter após o processo final de produção (no exemplo, o corte do miolo de alcatra deverá ter 150 g).
- **Quantidade recebida:** a quantidade que foi disponibilizada para o processo produtivo (no dia 27 de março, 45 kg de miolo de alcatra).
- **Degelo (kg / %):** perda de mercadorias recebidas congeladas após o degelo. No exemplo, a pesagem do miolo de alcatra após ter sido descongelado apontou uma diferença entre a quantidade bruta e a descongelada de 3 kg ou 6,67% (3 kg / 45 kg).
- **Aparas (kg / %):** aparas geradas por mercadorias (e que podem ou não ser aproveitadas posteriormente). No exemplo, o miolo de alcatra gerou 1,5 kg ou 3,33% (1,5 kg / 45 kg).
- **Limpeza (kg / %):** o que restou após a limpeza de algumas mercadorias (como carnes e peixes). Esses subprodutos poderão ou não ser aproveitados. No exemplo, foram limpos 2 kg do miolo de alcatra ou 4,44% (2 kg / 45 kg).
- **Perda (kg / %):** material que, ao final da manipulação da mercadoria, não é aproveitado e que deve ser descartado. No caso da figura 8.3, 5 kg ou 11,11% (5 kg / 45 kg).

- **Peso final:** para esse indicador, a fórmula é:

> Peso final = quantidade recebida - aparas - perda

Aplicando ao exemplo:

> Peso final = 45 kg - 1,5 kg - 5 kg = 38,5 kg

- **Rendimento:** para esse indicador, temos a fórmula:

> Rendimento = peso final / quantidade recebida

Aplicando ao exemplo:

> Rendimento = 38,5 / 45 kg = 85,56%

- **Custo final:** para esse indicador, temos a fórmula:

> Custo final = preço de compra / rendimento

Aplicando ao exemplo:

> Custo final = R$ 21,50 / 85,56% = R$ 25,13

- **Porções esperadas:** o número de porções que se espera obter, decorrente da quantidade entregue à produção dividida pela gramagem *per capita*.

> Porções esperadas = quantidade entregue / gramagem *per capita*

Aplicando ao exemplo:

> Porções esperadas = 45 kg / 0,150 kg = 300 porções

- **Porções realizadas:** o número de porções que foram geradas após a quantidade recebida ter passado por todo o processo produtivo, dividida pela gramagem *per capita*.

> Porções realizadas = peso final / gramagem *per capita*

Aplicando ao exemplo:

> Porções realizadas = 38,5 kg / 0,150 kg = 256,67 porções

198 | Gestão de negócios de alimentação: casos e soluções

PLANILHA DE MONITORAMENTO DE FATOR DE RENDIMENTO

Data de uso	Corte	Fornecedor/ frigorífico	Marca	Preço de compra (kg)	Preparo	Gram. per capita	Quantidade recebida (kg)	Degelo Kg	Degelo %	Aparas Kg	Aparas %	Limpeza Kg	Limpeza %	Perda Kg	Perda %	Peso final (kg)	Rendim.	Custo final	Porções esperadas	Porções realizadas
27-mar.	MIOLO DE ALCATRA			R$ 21,50	GRELHADO	0,150	45,00	3,00	6,67%	1,50	3,33%	2,00	4,44%	5,00	11,11%	38,50	85,56%	R$ 25,13	300,00	256,67

Figura 8.3 | Planilha de monitoramento de fator de rendimento.

O modelo apresentado na figura 8.3 pode ser adaptado a diversos produtos e conforme a necessidade do estabelecimento de A&B. Ele mostra como é possível controlar os rendimentos das mercadorias e avaliar o custo final, comparando inclusive os resultados obtidos entre os fornecedores homologados, bem como entre as diversas marcas. Também é possível incluir uma coluna chamada "Nome do manipulador", para avaliar se há diferença de rendimento de acordo com o profissional que faz o pré-preparo da matéria-prima.

O exemplo da película da cebola

A variedade de cebola mais comum nas nossas cozinhas é a baia[1] na cor vermelha (ou marrom, para muitos), com polpa amarelada. Há também a variedade com casca e polpa totalmente brancas – conhecida como cebola branca –, mas é menos usada. Esse produto normalmente representa um volume grande e um valor considerável das compras, pois está presente em quase todos os temperos, bem como em decorações e guarnições.

As cebolas baia podem ser adquiridas com ou sem película, também chamada de catafilo.

Cebolas mais novas apresentam essa película, porém, quando passam por movimentações de um lugar para o outro e/ou quando ficam armazenadas por tempo maior, o catafilo pode se desprender. As cebolas com perda de catafilo – ou peladas, como se conhece – são consideradas produto com defeito leve. Por essa razão, têm preço comercial menor se comparado com o da cebola com película, de melhor aparência.

Assim, a utilização da cebola pelada apresenta algumas vantagens, porque, além do preço comercial mais baixo, o colaborador não tem o trabalho de remover a película avermelhada, o que torna a operação na cozinha mais ágil. É preciso considerar também que, muitas vezes, na tentativa de remover a primeira película, o colaborador pode acabar retirando a segunda película, branca, aumentando a perda do produto.

[1] Pronuncia-se como "baía", apesar de não ter acento.

Foto 8.1 | À esquerda, cebolas com catafilo, de melhor aparência para o consumidor final em um supermercado, mas menos vantajosas como matéria-prima para um estabelecimento de A&B. À direita, cebolas peladas, que além terem preço menor são capazes de reduzir desperdícios.

Uma vez definida a compra de cebola com ou sem catafilo, é preciso considerar que as maneiras de utilizá-la podem ou não gerar desperdício.

- **Sem desperdício:** cebola picada, cortada em cubos, em corte *julienne* e para molho vinagrete. Deve-se cortar a cebola ao meio, na vertical, e remover apenas a raiz (fazendo um pequeno corte em triângulo). Em seguida, a película é retirada.
- **Com desperdício:** cebola em rodelas. Para essa finalidade, com a cebola inteira deve-se remover a raiz fazendo dois cortes, paralelos, um para cada raiz nas extremidades. Removidas as raízes, deve-se retirar a película. O tamanho do corte vai definir o desperdício, que pode chegar a 15%.

Foto 8.2 | Uso da cebola sem desperdício: cortá-la ao meio, na vertical, retirar apenas a raiz e remover a película.

O exemplo do filé-mignon

O filé-mignon é um dos cortes mais nobres de carne, pois garante maciez e sabor quando bem preparado. Mas é um dos produtos mais caros em um negócio de A&B.

A avaliação do rendimento do filé-mignon e, consequentemente, o melhor aproveitamento são possíveis com a correta manipulação da peça.

Foto 8.3 | Peça de filé-mignon sem cordão.

Em primeiro lugar, é preciso fazer a limpeza necessária, para levantar o custo real do quilo. A limpeza consiste em retirar as aparas e as membranas (como o cordão e o espelho, que é a formação prateada sobre a peça). Todos esses elementos devem ser pesados: a peça limpa, as que serão descartadas (como as membranas) e as aparadas (que poderão ser utilizadas em outro produto do empreendimento). Também deve ser obtido o degelo.

Foto 8.4 | Filé-mignon após a limpeza: acima, à esquerda, os recortes (aparas aproveitáveis); também acima, no centro e à direita, as membranas (material a ser descartado); abaixo, a peça limpa.

Em seguida, deve haver a divisão da peça limpa, para serem obtidas as partes que permitem a produção correta dos diversos produtos de filé-mignon. Então, cada parte deve ser pesada separadamente, para calcular o percentual de representatividade de cada uma:

- **cabeça:** representa em média 20% da peça;
- **corpo:** parte mais valorizada, representa cerca de 47% da peça;
- **rabo:** representa em média 8% da peça;
- **recortes:** respondem por cerca de 20% da peça original;
- **perdas (membranas):** podem representar 5% da peça original.

Foto 8.5 | Partes do filé-mignon após divisão: acima, à esquerda, o rabo (ponta menor e ponta maior); acima, à direita, a cabeça; abaixo, o corpo.

Cada parte é indicada para preparações específicas de filé-mignon, conforme indicado a seguir.

- Com a cabeça, podem ser feitos:
  - *paillard*, preparação que pode variar de gramagem conforme o negócio de A&B. São pedaços abertos e protegidos com plástico durante a preparação para não rasgar, em formato arredondado;
  - bifes, iscas ou cubos.
- Com o corpo, parte mais valorizada, podem ser preparados:
  - *chateaubriand* (pedaços com 4 dedos ou 5 cm);
  - *tournedos* (pedaços com 3 dedos ou 4 cm);
  - medalhões (pedaços com 2 dedos ou 3 cm);
  - escalopes (pedaços com 1 dedo ou 2 cm).
- Com o rabo, que tem ponta grande e ponta pequena, podem ser feitos:
  - cubos;
  - iscas.

Foto 8.6 | Partes do filé-mignon com cortes prontos para preparo dos pratos: à esquerda, iscas (obtidas do rabo); no centro, *tournedos* (do corpo); à direita, *paillard* (peça aberta obtida da cabeça).

Avaliação dos resultados com base no perfil do empreendimento

Obtidos os resultados do rendimento do filé-mignon, o gestor de A&B deve fazer uma reflexão com base em perguntas e observações como as apresentadas a seguir.

- O recebimento de peça de filé-mignon inteira compulsoriamente gera matéria-prima da cabeça e do rabo, que normalmente não têm volume de venda no cardápio proporcional à dos *tournedos* (que neste exemplo seria o corte principal no cardápio).
- Como a peça de filé-mignon é trabalhada no restaurante?
- Tem conhecimento do calibre do filé-mignon negociado e entregue pelo fornecedor?
- O estoquista está treinado para reconhecer os diferentes calibres?
- O cardápio apresenta iscas ou cubos, para aproveitar a parte do rabo?
- A venda de pratos com iscas ultrapassa a quantidade de iscas produzidas no dia? Caso as iscas produzidas a partir do rabo do filé-mignon não estejam sendo suficientes, o processo de produção irá cortar a parte mais nobre, o corpo, que poderia gerar maiores receita e margem de contribuição (os preços de pratos com medalhão, *tournedos* e *chateaubriand* são sempre mais elevados que os de pratos com iscas).
- Em uma situação inversa, caso as vendas de pratos com iscas sejam menores, sobrarão essas partes do filé-mignon. Em situações assim, muitas vezes o restaurante guardará as sobras até juntar volume ou definir a utilização. Como será guardado esse produto já manipulado? Qual é a garantia da qualidade desse produto? Qual é a validade da legislação?

- No caso de sobras de iscas, o restaurante as utiliza como cardápio de funcionário e como aparas para elaboração de caldo de carne, de recheios de bolinho e de hambúrguer, entre outros produtos, utilizando matéria-prima muito mais cara do que o necessário?
- Se, após porcionamento da carne, nota-se que a porção de um medalhão ficou maior que o esperado em ficha técnica, como isso é tratado? Como esse medalhão é utilizado?

No dia a dia, surgirão outros pontos para reflexão.

O importante é sempre levar em conta que o fator de rendimento é extremamente importante para a lucratividade dos negócios de A&B e que os resultados obtidos não são valores estáticos. Ou seja, são valores que devem ser revistos constantemente para um melhor controle – tanto de produção como de compras e custos.

O exemplo da acelga

A acelga, muito utilizada em diversos pratos – em restaurantes de coletividade, em estabelecimentos de comida oriental ou, ainda, como substituto do pão de hambúrguer em sanduíches *fitness* –, pode ser uma matéria-prima de extrema importância para o resultado do negócio. Por essa razão, deve receber atenção especial em seu pré-preparo.

As folhas da acelga são presas por um talo central. Assim, o exemplo aqui apresentado vale para outras verduras com essa característica.

Para desfolhar a acelga, normalmente se corta o talo próximo à base utilizando uma enorme faca. Esse procedimento pode provocar perda de 20% em média, como mostram as fotos 8.7a a 8.7c.

Fotos 8.7a a 8.7c | Acelga com peso bruto de 1,100 kg (foto 8.7a) e, após corte do talo, com peso líquido de 875 g (foto 8.7c): perda de 225 g ou 20,45%.

Como visto nas fotos 8.7a a 8.7c, com o corte foi retirado mais de 20% da acelga; o rendimento obtido ficou em pouco mais de 79%. Esse tipo de corte é o mais comumente efetuado nos negócios de alimentação.

Para aumentar o rendimento do produto e reduzir o tempo de pré-preparo, o ideal é retirar apenas o talo central e soltar a folhas depois, conforme mostram as fotos 8.8a a 8.8f.

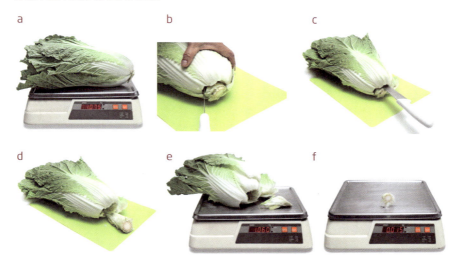

Fotos 8.8a a 8.8f | Em sentido horário, acelga com peso bruto de 1,075 kg (foto 8.8a), corte removendo apenas o talo central (fotos 8.8b, 8.8c e 8.8d) e o produto com o peso líquido de 1,060 kg (foto 8.8e). Perda de apenas 15 g (foto 8.8f) ou 1,40%.

O exemplo apresentado nas fotos 8.8a a 8.8f mostram um rendimento de quase 99% da acelga com o corte que remove apenas o talo central. Ao ser feito esse corte, as folhas se desprendem instantaneamente, agilizando o processo produtivo. Caso ainda persista um pedaço do talo, o corte central deve ser repetido (removendo-se apenas o talo central).

O talo central restante pode ser picado e misturado no vinagrete ou salpicado na elaboração do prato de acelga.

Comparando, então, as duas formas de cortar a acelga, passamos de um rendimento de 79% para um de 99%, ou seja, houve um aumento de cerca de 20% no aproveitamento da matéria-prima.

Conhecemos o caso de um restaurante chinês no qual eram comprados 11 engradados de acelga por semana. Após mudar a maneira de limpar a verdura, a quantidade caiu para 7 engradados. A compra semanal, que era de 110 kg, passou para 70 kg, ou seja, uma economia de mais de 36% – percentual que o proprietário certamente não conseguiria obter com nenhum fornecedor em termos de desconto. Nesse ganho, temos ainda de acrescentar a economia de espaço armazenado, de consumo de água e, consequentemente, de custo.

Esse mesmo procedimento pode ser aplicado na limpeza da alface-americana: retira-se o talo central com uma faca pequena. Para as folhas se desprenderem, deve-se colocar a alface com o orifício que acabou de ser feito embaixo da torneira aberta. A pressão da água desfolhará a alface delicadamente, deixando as folhas inteiras.

CUSTO-BENEFÍCIO DE MATÉRIA-PRIMA

Vamos somar o que conhecemos até o momento sobre fator de correção, índice de cocção e fator de rendimento para chegar à conclusão de que é preciso saber qual a matéria-prima adequada a um produto final para que o empreendimento se beneficie de um melhor custo-benefício.

Nesse tema, podemos citar Fonseca (2014), que relata um caso envolvendo camarão. O autor conta que, como o produto não era especificado corretamente, o setor de compras deduzia que o camarão seria utilizado em risoto e adquiria um produto maior e mais caro. Mas o camarão solicitado era destinado à elaboração de um caldo, produto que demanda um camarão miúdo e mais barato.

Para os dois tipos de camarão, há fatores de correção, índices de cocção e fatores de rendimento possivelmente bem diferentes, provocando aumento do custo final do produto caldo de camarão.

Alves (2018) reforça a importância da avaliação do custo-benefício da matéria-prima citando outro exemplo, o da laranja. As variedades bahia e lima são mais indicadas para o consumo *in natura*, enquanto a pera é mais recomendada para sucos.

Após estabelecer a laranja-pera para a elaboração de suco, é preciso definir a classificação mais rentável ou de melhor custo-benefício para o produto final.

As laranjas são acondicionadas em caixas de madeira que servem como forma de classificação no mercado. Se uma caixa é do tipo 13, por exemplo, significa que dentro dela cabem 13 dúzias de laranja. Se a laranja for do tipo 14, a caixa terá 14 dúzias, e assim por diante. No mercado, esses tipos são normalmente agrupados em tipo A (de 9 a 12 dúzias por caixa), tipo B (de 13 a 15 dúzias por caixa) e tipo C (de 16 a 21 dúzias por caixa).

A classificação mais adequada para suco é a B (13/15), por possuir um tamanho ideal e ter mais suco. As laranjas do tipo A são muito grandes, e as do tipo C, muito miúdas para elaboração de suco. Para o fornecedor, certamente seria mais importante vender a do tipo A, pois teria maior lucro. O colaborador que fará o suco também preferiria a grande, para não machucar a mão em um espremedor manual, por exemplo. No entanto, quando se fala em lucratividade do negócio, é necessário falar sobre as diferenças de preços dos tipos de produtos.

Vamos imaginar que tenhamos os seguintes preços: laranja-pera do tipo A a R$ 1,00/kg, do tipo B a R$ 0,92/kg e do tipo C a R$ 0,82/kg. Caso o padrão da laranja do negócio de A&B seja o tipo A para agradar ao vendedor e ao copeiro, isso quer dizer preço 8% maior que o do tipo B (o mais indicado para o suco), prejudicando a lucratividade do empreendimento.

Existem vários outros exemplos de produtos com tipos e classificações diferentes. O importante, aqui, é deixar comprovado como o padrão de produtos interfere no custo-benefício, no padrão do produto final e na obtenção do lucro pelo empreendedor do negócio.

O exemplo da mandioquinha

O produto conhecido como mandioquinha no estado de São Paulo, batata-baroa no Rio de Janeiro e até batata salsa em outros locais é ofertado conforme o tamanho: AAA ou 3A é a maior; extra A ou 1A é a menor.

Assim, quanto mais "A" o produto tiver, mais caro será. Essa relação pode ser aplicada aos itens popularmente conhecidos como legumes:

- A = $;
- AA = $$;
- AAA = $$$.

O quadro 8.3 mostra a variação de preços com base em consultas realizadas no site da Ceagesp.

Quadro 8.3 | Exemplo de variação de preço da mandioquinha.

Produto	Classificação	Unidade	Menor preço	Preço comum	Maior preço
Mandioquinha	1A	Kg	R$ 2,81	R$ 3,12	R$ 3,41
	2A	Kg	R$ 3,57	R$ 3,87	R$ 4,16
	3A	Kg	R$ 4,24	R$ 4,53	R$ 4,82

Fonte: adaptado de Ceagesp.

Como podemos ver, se considerarmos o preço comum, teremos uma diferença de 45,19% da classificação 3A para a classificação 1A (R$ 4,53 / R$ 3,12).

Existem algumas preparações nas quais a mandioquinha, que é considerada um item caro, não aparece na forma original:

- purê de mandioquinha;
- sopa de mandioquinha;
- pão de mandioquinha.

Como a variação de preços entre as classificações pode ultrapassar os 45%, isso quer dizer que é possível preparar purê de mandioquinha com três custos diferentes.

O quadro 8.4 mostra esses resultados tomando como base 100 g de purê de mandioquinha.

Quadro 8.4 | Diferenças de custo do preparo do purê de acordo com a classificação da mandioquinha.

Produto	Classificação	Custo
Purê de mandioquinha	1A	R$ 0,31
	2A	R$ 0,39
	3A	R$ 0,45

Foto 8.9 | Mandioquinhas de classificações e preços variados, que produzem o mesmo resultado de purê, porém com custos diferentes.

Para o preparo de mandioquinha sauté (em que ela fica bem visível), é possível adquirir mandioquinhas grandes (de R$ 4,53/kg) e cortá-las em pedaços ou, então, optar por mandioquinhas 1A (de R$ 3,12/kg). Estas, apesar de pequenas, podem ser servidas inteiras, fazendo do produto final um prato rústico e sustentável. Por que não?

Vale sempre buscar opções de pratos com matérias-primas disponíveis com custos interessantes. É uma pesquisa reversa!

Nesse contexto, Alves (2018) criou uma lista de pequenos exemplos que servem como pontos de reflexão no momento de definir a especificação de um produto.

- Escolha da matéria-prima quando o critério é o rendimento:
    - arroz agulhinha, ou arroz parboilizado, ou arroz *mix* (agulhinha e parboilizado);
    - cenoura para ralar ou para picar;
    - laranja para suco ou para acompanhamento;
    - filé-mignon sem cordão ou com cordão;
    - queijo entregue em peça ou já fatiado;
    - queijo pelo tempo de derretimento;
    - açúcar pelas condições de adoçar;
    - tomate maduro grande ou tomate maduro pequeno.
- Escolha da matéria-prima quando o critério é a aparência:
    - maracujá azedo super ou murcho;
    - banana com casca sem mancha ou banana madura, com casca manchada;
    - goiaba para suco (madura e com casca feia) ou para servir inteira (com boa aparência).
- Escolha da matéria-prima quando o critério é o produto final:
    - salada de tomate no restaurante por quilo (diferenças de tamanho de tomates);
    - café de coador (coloração de grãos de café);
    - preparação de pães (tipos de farinha de trigo);
    - pão com margarina (margarina com 60% ou 75% de lipídeos);
    - café da manhã – iogurte ou bebida láctea;
    - requeijão para rechear borda de pizza (requeijão com amido ou sem amido).

Em nossa experiência, tivemos conhecimento do caso de um restaurante *self-service* à vontade que servia aspargos verdes grossos. Tratava-se de um produto importado, adquirido em pacote com peso definido e no qual vinham algumas unidades. A compra era por quilo. Os proprietários passaram a perceber que os clientes deixavam no prato a parte branca do aspargo, pois era dura para consumo. Como solução, mudaram a compra: passaram a adquirir um aspargo mais fino. Isso significava textura mais agradável para os clientes na parte branca e mais unidades no pacote. O preço não se alteraria, porque era fixado por quilo, porém o custo unitário de cada aspargo acabava sendo menor, em razão da quantidade mais elevada no pacote. Assim, houve mudança de especificação funcional: antes o produto era definido apenas como "aspargo verde". Com a modificação, passou a haver numeração do aspargo, para refletir sua quantidade em cada pacote, e foi definida a quantidade que deveria haver por pacote.

CASO 25 – MELHORA NO RESULTADO DO SUCO DE LARANJA

Estabelecimento
Restaurante localizado na cidade de São Paulo.

Cenário encontrado
A ficha técnica informava que era necessário 1,4 kg de laranja-pera para preparar 400 mL de suco. O fornecedor entregava o produto do tipo 9, o que quer dizer que na caixa vinham 9 dúzias de laranja. São frutas grandes, de casca grossa.

Encaminhamento e soluções
Após avaliação, definimos a compra da laranja-pera rio tipo 13 (ou seja, caixa com 13 dúzias de frutas de casca fina). O peso de cada laranja-pera rio T13 é de 150 g a 160 g, aproximadamente.

Resultados
A ficha técnica foi alterada. Com a mudança da laranja, passou a ser usado menos de 1 kg para cada copo de 400 mL de suco (redução de quase 30% no custo do produto final). É de conhecimento de todos que a venda de suco de laranja pode trazer margens de contribuição muito interessantes, e essas margens podem ser ainda melhores quando é feita a melhor especificação para a compra.

CASO 26 – CARNES PORCIONADAS

Estabelecimento
Restaurante localizado na cidade de São Paulo.

Cenário encontrado
O restaurante servia *steak* de picanha. As fatias eram cortadas transversalmente, e, para que fosse mantida a gramatura-padrão nos pratos servidos, gerava-se um grande excedente das pontas.

Para evitar o desperdício dessas pontas, criaram um prato chamado iscas de picanha. Mas a venda de iscas não era muito grande. O estoque de iscas ia aumentando e ocupando espaço no *freezer* – isso quando conseguiam congelar. Como o congelamento no *freezer* é lento, após o descongelamento, as iscas não apresentavam sabor e textura satisfatórios.

Encaminhamento e soluções
Após análise dos custos reais do *steak* e avaliação das iscas, foi decidida a compra de carnes porcionadas.

Resultados
Depois de determinado tempo, o comprador da empresa teve a comprovação de que a mudança fora vantajosa, uma vez que vinha adquirindo muito menos quilos de picanha e o controle de estoque estava mais seguro, comprando conforme as vendas. A mão de obra que era utilizada no corte das carnes passou a realizar atividades mais nobres; o espaço e o tempo antes destinados a esse corte foram ocupados por outras atividades do empreendimento.

O exemplo do extrato de tomate

O extrato de tomate é um produto que muitas vezes se decide apenas pelo preço, sendo esquecidos o rendimento, o sabor e o custo final.

Nesta avaliação, vamos percorrer duas etapas: identificar as melhores marcas e, então, descobrir o melhor custo-benefício.

Identificar as melhores marcas

Nesta primeira etapa, precisamos conhecer a ordem das marcas aprovadas. Como fazer?

Devemos separar um pote plástico – de preferência, de 500 mL – para cada marca que será avaliada.

Em seguida, colocamos quantidades iguais de água (200 mL) em cada um dos potes e quantidades iguais de extrato das diferentes marcas.

Após misturar bem, devem ser observados textura, cor, sabor e o conjunto.

Recomendamos pontuar cada critério de 1 a 5, como mostra o quadro 8.5.

Quadro 8.5 | Modelo de avaliação de marcas (no exemplo do extrato de tomate).

Critério	Marca 1	Marca 2	Marca 3	Marca 4
Cor	4	3	5	3
Textura	3	2	4	3
Sabor	3	2	4	2
Nota média	3,3	2,3	4,3	2,7
Observações	Cor média, sabor médio	Cor clara, sabor ruim	Cor boa, sabor bom	Cor clara, sabor médio
Ordem de aprovação	2	4	1	3

No exemplo, chegamos ao seguinte resultado:

- **1º lugar:** marca 3;
- **2º lugar:** marca 1;
- **3º lugar:** marca 4;
- **4º lugar:** marca 2.

Descobrir o melhor custo-benefício

Nesta segunda etapa, devemos colocar a mesma quantidade de água em todos os potes (200 mL) e preparar o melhor molho com cada uma das marcas selecionadas.

Na ordem de classificação obtida na etapa anterior, devemos colocar a quantidade ideal de cada marca para preparar os molhos. As quantidades devem ser suficientes para obter um produto final que seja satisfatório para o negócio.

Devemos preparar uma lista de preços de cada marca, com o peso das embalagens, e calcular o preço por quilo de cada uma das marcas.

Para facilitar esse cálculo, recomendamos a utilização de uma planilha eletrônica, nos moldes apresentados no quadro 8.6.

Quadro 8.6 | Obtenção do custo das marcas avaliadas (no exemplo do extrato de tomate).

Critério	Marca 3	Marca 1	Marca 4	Marca 2
Água (mL)	200	200	200	200
Extrato (g)	50	60	65	100
Preço do quilo do extrato (R$)	11,91	12,78	9,40	6,80
Custo de 200 mL de molho (R$)	0,60	0,77	0,61	0,68

Pela classificação de custo, podemos chegar à conclusão de que o produto da marca 2, que apresenta o menor preço por quilo (R$ 6,80/kg), não tem o melhor custo-benefício, pois para preparar 200 mL de molho são necessários 100 g de extrato.

O produto da marca 3, que tem o maior preço por quilo (R$ 11,91/kg), apresenta o melhor custo-benefício, por apresentar alto rendimento, além de ser o melhor em termos de cor, textura e sabor.

Tipos para molhos

Uma vez que o molho de tomate é um dos produtos mais tradicionais e requeridos em negócios de A&B, sua matéria-prima merece uma criteriosa avaliação.

A foto 8.10 mostra quatro variedades de tomate, com diferentes classificações cada.

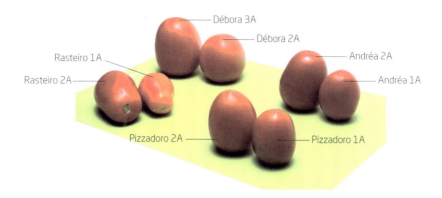

Foto 8.10 | Diferentes variedades e classificações de tomate.

No caso de molhos utilizando tomates frescos, para cada tipo de molho existem os tomates mais indicados. A matéria-prima ideal possibilita um produto final de excelente qualidade e um custo-benefício mais interessante.

Para obter as polpas e retirar as peles, os tomates devem ser cozidos em água quente conforme recomendação da gastronomia. Aqui recomendamos a utilização das peles e sementes para evitar o desperdício. A decisão fica a critério de cada *chef*, no entanto, podemos garantir que o resultado final é muito satisfatório. Sugerimos testar.

A variedade carmem (tomate achatado), mais utilizada para salada, pode ser usada em molhos, mas com o intuito de corrigir a acidez. É preciso considerar que, por ter mais água em sua composição, o tomate carmem apresenta rendimento menor. Assim, devem ser avaliados o custo final e a qualidade do molho. Essa variedade pode também ser indicada para o preparo de sopa fria (gaspacho).

Com base em nossa experiência, temos alguns dados referentes ao rendimento de diferentes variedades e classificações de tomate (podendo variar, claro, conforme cada cozinheiro):

- com 18 kg de tomate oblongo (por exemplo, débora) 1A, podem ser obtidos em torno de 10 kg de molho pronto;
- com 18 kg de tomate achatado (por exemplo, carmem) 1A, podem ser obtidos em torno de 9 kg de molho pronto.

Exemplos de cálculo do custo de molho pronto:

- **18 kg de tomate oblongo 1A (preço de R$ 60,00):** molho pronto com custo de R$ 6,00/kg;
- **18 kg de tomate achatado 1A (preço de R$ 55,00):** molho pronto com custo de R$ 6,11/kg.

Quadro 8.7 | Molhos de tomate conforme as diferentes matérias-primas.

Tipo de molho	Preparo e características	Variedades de tomate recomendadas	Classificação	Características do tomate
Rústico	Passar as polpas na função pulsar do liquidificador com semente e sem pele. Bater as peles e posteriormente cozinhar tudo junto, acrescentando cenoura picada em pedaços bem pequenos.	Rasteiro, débora, andréa ou pizzadoro (ver sazonalidade).	Tipo 1A.	Tomates maduros pequenos. Peso médio de 100 g cada.
Concassé	Separar as polpas após cozinhar os tomates por alguns minutos. Sementes e peles podem ser batidas no liquidificador e cozidas com as polpas, eliminando o desperdício.	Rasteiro, débora, andréa ou pizzadoro (ver sazonalidade).	Tipo 2A.	Tomates maduros e maiores. Peso médio de 150 g cada.
Bolonhesa	Bater os tomates com pele e sementes no liquidificador e levar para cozinhar.	Rasteiro, débora, andréa ou pizzadoro (ver sazonalidade).	Tipo 1A.	Tomates maduros pequenos. Peso médio de 100 g cada.
Para pizza	Bater os tomates com pele e sementes no liquidificador e utilizar em seguida sem cozinhar.	Rasteiro, débora, andréa ou pizzadoro (ver sazonalidade).	Tipo 1A.	Tomates maduros pequenos. Peso médio de 100 g cada.

Não só em relação ao tomate, mas a todos os itens de hortifrúti, a avaliação da sazonalidade é de substancial importância na hora da compra, pois os preços sempre serão mais favoráveis nos períodos de maior safra, e a qualidade dos produtos sempre será melhor. A oferta pode variar conforme as condições climáticas, e é preciso estar atento às ofertas do mercado.

Afirmamos, portanto, um grande aprendizado: para cada tipo de prato e de negócio, existe a matéria-prima correta e mais apropriada. Essa escolha passa pela melhor especificação funcional, pela análise de espaço ocupado e pela necessidade de equipamentos adequados e de mão de obra especializada.

É sempre preciso lembrar os ditos populares: "o barato pode sair caro" e "o caro pode sair barato".

DESPERDÍCIOS

O desperdício que ocorre em negócios de A&B é um tema de grande relevância, pois muitas vezes a lucratividade que o empreendimento poderia ter escorre pelo ralo em decorrência dessas perdas.

Com base em nossa experiência, afirmamos que o desperdício pode chegar a quase 10% do que o empreendimento fatura – ou seja, a cada R$ 100,00 vendidos, R$ 10,00 são jogados fora de diversas maneiras. Por exemplo, uma compra mal planejada, um recebimento malfeito, um armazenamento incorreto. O desperdício de alimentos afeta diretamente o caixa do empreendimento e, claro, o bolso do dono do negócio.

O fluxo das mercadorias em um estabelecimento pode muitas vezes superar os gastos com funcionários, e só essa razão já é suficientemente importante para que mereça uma administração muito cuidadosa.

Já vimos em vários capítulos deste livro diversas formas de evitar desperdícios dentro de um negócio. Estes são os principais pontos: correta especificação de matéria-prima; compra consciente; recebimento eficaz e eficiente; armazenamento criterioso; reaproveitamento de alimentos; acompanhamento atento do resto dos pratos; equipamentos adequados; campanhas eficazes de redução de desperdícios.

Correta especificação de matéria-prima

Conhecer profundamente o produto final e seus insumos é um fator importante no combate ao desperdício.

Quando existe esse conhecimento, é possível avaliar as matérias-primas mais adequadas ao processo produtivo e definir as que geram menores perdas durante a produção.

Uma matéria-prima mal especificada pode causar grandes desperdícios ao estabelecimento, afinal ela pode estar sendo mal aproveitada ou simplesmente não ser a mais recomendada para aquele produto final.

Existem vários tipos de hortifrúti, cada um com sua especificação, como também vários tipos de cortes de carnes, de peixes, de frutos do mar, entre outros produtos. Vale a pena "perder tempo" para avaliar todas as alternativas possíveis, analisando rendimento, fator de correção e índice de cocção de cada matéria-prima.

Compra consciente

As compras devem ser feitas de acordo com a real necessidade. Como dissemos anteriormente, a utilização das fichas técnicas é de grande importância e torna mais fácil prever quanto é preciso adquirir de cada produto.

Não devemos comprar quantidades que não serão consumidas antes de a validade expirar e que acabarão indo para o lixo.

É importante, portanto, criar e manter uma gestão de compra eficiente, pois ela tem influência na redução de seu desperdício.

Recebimento eficaz e eficiente

De nada adianta comprar as quantidades corretas caso não haja um recebimento bem executado.

Como vimos no capítulo sobre recebimento, essa fase é de grande importância para garantir que a mercadoria entre na data correta, na quantidade solicitada e na qualidade esperada. No recebimento, porém, ocorrem os maiores problemas causadores de desperdícios.

Colaboradores mal treinados, sem conhecimento da especificação dos produtos que serão entregues, fazem do recebimento um grande vilão, que atua para a ocorrência de desperdício.

Armazenamento criterioso

As mercadorias recebidas precisam ser armazenadas conforme suas especificações e exigências.

A primeira preocupação é sempre utilizar o sistema PVPS (primeiro que vence primeiro que sai). Ou seja, os produtos de validade menor devem ser utilizados/consumidos antes dos demais.

No caso dos itens de hortifrúti, que são entregues sem data de validade, valem sempre a ordem de entrada e o estado em que se encontram.

Muitas vezes, a caixa plástica com produto novo é simplesmente colocada sobre verduras ou frutas mais antigas, e a retirada acontece na ordem do empilhamento das caixas.

Alguns cuidados são essenciais para preservar a qualidade dos produtos de hortifrúti, como explicado a seguir.

- Maçãs liberam mais etileno do que outras frutas. Esse gás acelera o amadurecimento de frutas armazenadas próximas. Aliás, não só pode fazer amadurecer como também é capaz de causar o apodrecimento caso as maçãs sejam mantidas muito perto de outras frutas e outros legumes. Já vimos casos de abacates, peras e repolhos que apodreceram de uma noite para outra. Assim, as maçãs devem sempre ser mantidas ensacadas e afastadas de outras frutas.
- Não é preciso esperar abacaxis ficarem com a casca amarela para utilizá-los/consumi-los, pois essa fruta não amadurece depois de colhida e entra em fase de apodrecimento.
- Em relação às bananas, elas devem ser desprendidas do cacho com faca logo após o recebimento, para durar mais. Essa medida evita que as cascas se abram e o fruto despenque, atraindo insetos. Portanto, as bananas devem ficar soltas e fora da geladeira (para não escurecerem).
- No caso de morangos, conforme dissemos anteriormente, eles devem ser escolhidos logo após o recebimento, para haver o descarte daqueles com indícios de podridão ou mofo. Os frutos podem ser guardados em caixas plásticas com tampa, forradas com papel toalha e protegidos de muito frio. Os morangos não devem ser empilhados. E, caso não haja essas caixas, podem-se espalhar os morangos em assadeira forrada com papel toalha. Eles precisam ser mantidos cobertos com plástico.
- Mandioquinhas ou batatas-baroas que não são consumidas na data da entrega podem ser mantidas dentro d'água para evitar o apodrecimento, como dito anteriormente.
- Quiabos escurecem quando recebem vento frio, mas durante a cocção recuperam a cor verde. Assim, não devem ser descartados porque estão escuros. Além disso, os talos e as pontas podem ser utilizados; não há necessidade de cortá-los e gerar desperdício.
- Temperos devem ser selecionados, higienizados, secos e armazenados dentro de pequenas caixas plásticas fechadas e identificadas no lado de fora. A mesma recomendação vale para verduras delicadas, como rúcula e agrião.

- Caso o estabelecimento utilize verduras *in natura*, uma recomendação para mantê-las mais verdes por maior tempo é plantá-las como um botão de rosa no vaso com água. Assim, acelgas, escarolas, etc. devem ser mantidas dentro de uma caixa plástica com um pouco de água, em pé, com a parte do talo submersa, e nunca debaixo do ventilador recebendo vento frio. Em caso de proximidade de vento, esses produtos devem ser protegidos com plástico.

Reaproveitamento de alimentos

Nem sempre os alimentos que sobram durante um processo produtivo devem ser descartados. É possível analisar possibilidades de reaproveitamento de sobras que tenham sido armazenadas em condições adequadas de temperatura e sem riscos de segurança alimentar, criando novos produtos e, consequentemente, reduzindo o desperdício de determinado produto.

Recomendamos sempre consultar o responsável pela qualidade antes de tomar alguma decisão nesse assunto, para não colocar em risco a reputação do estabelecimento.

Um exemplo clássico é a utilização da pele do salmão para determinados itens, os chamados produtos com *skin*. Certamente, se a pele do salmão não fosse aproveitada, o rendimento desse peixe seria menor.

Os clientes são muito antenados com a aparência e a transformação dos produtos. Rejeitam preparações como bolinho de arroz e arroz colorido a partir de sobras de arroz não armazenadas adequadamente, escondidinho de sobras de carne, entre outros exemplos. Enfim, recomendamos monitorar as sobras e sempre trabalhar para que sejam suportáveis dentro dos resultados financeiros do empreendimento.

Acompanhamento atento do resto dos pratos

Principalmente em restaurantes, observar o alimento que os clientes deixam nos pratos é importante para a redução de desperdícios.

O resto dos pratos permite que gestor do negócio avalie a aceitação dos produtos que está servindo, bem como o porcionamento ideal.

Caso o gestor, por exemplo, perceba uma quantidade grande de sobras em determinado número de pratos, o problema pode ser o tamanho das porções servidas. Se as sobras forem de determinada matéria-prima utilizada, o mais correto será excluí-la dos pratos.

Recomendamos, ainda, avaliar o tamanho dos utensílios utilizados para servir arroz, por exemplo.

Equipamentos adequados
Quando abordamos os índices operacionais, no início deste capítulo (principalmente o índice de cocção), vimos que o tipo de equipamento pode influenciar o resultado do aproveitamento da matéria-prima e, consequentemente, seu desperdício.

Não adianta o empreendedor investir em mobiliário, decoração, cardápio, uniforme para os funcionários e esquecer o investimento em equipamentos adequados à sua necessidade de produção.

Se o desejo for realmente reduzir desperdícios, que seja avaliada, então, a possibilidade de utilização de fornos combinados, de facas específicas para itens de hortifrúti, para carnes, para peixes, de mandolim ou processadores profissionais para picar, fatiar ou ralar legumes, bem como de equipamentos próprios para armazenamento de mercadorias a vácuo.

Campanhas eficazes de redução de desperdícios
É útil criar campanhas para incentivar os funcionários a colaborarem para a redução do desperdício.

Perdas de alimentos são um importante retrato da ineficiência de todo o fluxo de materiais. Se, para cada fase, podem existir profissionais diferentes, nada melhor que unir todos em um objetivo comum.

Reconhecer os profissionais que mais colaboram na redução do desperdício pode não apenas os incentivar para que prossigam nesse trabalho como também deixar os outros mais motivados a realizá-lo.

O exemplo do chuchu
Uma opção de baixo custo e que pode ser utilizada em saladas e gratinados é o chuchu.

Serve-se chuchu com semente ou sem semente? O mais usual é servi-lo sem semente. Mas existe a alternativa de fazê-lo com semente, otimizando muito a mão de obra, promovendo economia de água e aumentando o rendimento.

Sabor? Sem qualquer alteração.

As fotos 8.11a e 8.11b mostram um chuchu tipo A que pesa 365 g. Quando as sementes são retiradas, o peso cai para 345 g. Ou seja, perdemos 20 g; 5,48% do produto é desperdiçado.

Fotos 8.11a e 8.11b | Diferença de peso entre o mesmo chuchu inteiro (foto 8.11a) e sem semente (foto 8.11b).

Algumas perguntas antes de tomar a decisão de tirar ou não as sementes do chuchu: você retira as sementes da vagem? As do pepino? As do quiabo? Por que retirar as do chuchu? São macias e saborosas.

Em relação à casca, chuchus novos podem ser servidos com casca também.

O exemplo da cebola

A cebola é um dos itens de hortifrúti mais utilizados em todos os negócios de alimentação, razão pela qual é de grande importância administrar seu desperdício.

Em vários trabalhos que realizamos, percebemos na produção muitas perdas envolvendo a cebola, o que consequentemente impacta o resultado do empreendimento.

Normalmente, as cebolas são limpas conforme mostram as fotos 8.12a e 8.12b.

Produção | 223

Fotos 8.12a e 8.12b | Exemplo de diferença de peso entre uma cebola antes (foto 8.12a) e depois da limpeza (foto 8.12b).

Como mostram as fotos, temos que uma cebola de 205 g, após a limpeza pelo processo mais comum, atinge o peso líquido de 175 g, ou seja, perde 30 g ou 14,63% do peso bruto.

Esses 14,63% vão para o lixo, na maioria das vezes. Caso essa cebola tenha custo de R$ 1,00/kg, na verdade esse custo é de R$ 1,1463/kg, considerando a perda.

Como mostramos na foto 8.2 deste capítulo (ver página 200), existe uma forma de reduzir bastante o desperdício da cebola, que é fazer apenas um corte pequeno para retirar a raiz e, então, remover a película.

Foto 8.13 | Exemplo de cebola limpa sem desperdício.

Por esse processo em que é retirada apenas a raiz, para uma cebola de 225 g (peso bruto), temos 210 g de peso líquido, ou seja, uma perda de apenas 15 g ou 6,67%.

BOAS PRÁTICAS DE FABRICAÇÃO

A RDC Anvisa nº 216, de 15 de setembro de 2004, define que as boas práticas de fabricação (BPF) "abrangem um conjunto de medidas que devem ser adotadas pelas indústrias de alimentos e pelos serviços de alimentação, a fim de garantir a qualidade sanitária e a conformidade dos alimentos com os regulamentos técnicos".

As BPF são voltadas para todo o controle do ambiente, das pessoas, das possíveis contaminações cruzadas, entre outros fatores, e buscam atingir determinado padrão de qualidade do produto que chega ao cliente. Diversas doenças podem ser transmitidas por alimentos quando um estabelecimento de A&B não observa as boas práticas de fabricação.

A segurança alimentar não pode mais ser considerada apenas um protocolo a ser seguido em razão da cobrança dos órgãos fiscalizadores. Deve ter uma importância estratégica no processo e não consistir em uma mera inspeção de produtos acabados, pois de um produto finalizado pouco ou nada pode ser feito para mudar sua qualidade. Se as boas práticas forem realizadas desde a entrada da matéria-prima, passando pelo armazenamento, pela produção e pela entrega do produto final, aí sim haverá condições de estudar, entender, elaborar, construir, manter e comercializar esse produto ao melhor custo-benefício e com maior segurança ao cliente.

Além da qualidade do processo de produção, existe aquela que é percebida pelo consumidor. Ou seja, temos duas qualidades:

- a que os olhos não percebem, a da segurança alimentar, a da microbiologia, a que pode evitar doenças;
- a percebida, que os olhos veem e o paladar sente, que gera uma experiência agradável, fazendo o consumidor adquirir novamente o produto ou frequentar o mesmo local repetidamente.

Os conceitos de qualidade objetiva e qualidade percebida pelo consumidor coincidem? O que um produto alimentar deve ter para ser considerado de alta qualidade pelo cliente?

As duas qualidades devem andar sempre juntas. De nada adianta um produto com qualidade invisível ótima, mas que não agrade ao cliente.

Feitas essas considerações e reflexões, podemos citar os princípios básicos das boas práticas:

- verificar e conferir sempre se as normas criadas estão sendo seguidas;
- definir e documentar passo a passo todos os procedimentos realizados na produção, os quais deverão estar em conformidade com as BPF;
- proteger todos os produtos de contaminação, por meio de normas de higiene diária praticadas por todos os envolvidos no processo produtivo;
- garantir a qualidade do produto pelo controle sistemático das mercadorias, passando por todo o fluxo de materiais (recebimento, armazenamento, produção, empacotamento, etiquetamento, distribuição);
- realizar a manutenção devida das áreas e dos equipamentos utilizados;
- oferecer maquinários e edificações adequados para a qualidade do produto, incluindo a segurança do colaborador;
- realizar auditorias periódicas, a fim de verificar a consistência de normas e métodos de produção.

Muitos benefícios podem ser obtidos com a implantação das BPF, como maior disponibilidade de alimentos, redução da quantidade de alimentos deteriorados, menor desperdício, produção mais econômica e menor risco de os clientes apresentarem intoxicações, infecções e parasitoses.

Uma produção organizada, que segue as normas das boas práticas de fabricação, permite à gestão de toda a cadeia produtiva identificar possíveis falhas operacionais e até mesmo administrativas e otimiza os custos de correção dos problemas.

O (mau) exemplo de compra de carne sem procedência
Em nossa experiência, conhecemos um episódio envolvendo um restaurante no interior de São Paulo.

Certa vez, o gerente do negócio se esqueceu de fazer o pedido de carnes para o frigorífico na quarta-feira (para entrega na sexta-feira). A carne seria utilizada apenas na segunda-feira.

A semana começou, chegou a segunda-feira, e o gerente lembrou que não havia carne para ser trabalhada. Encontrou, então, uma solução fácil: adquirir o produto no açougue local.

Comprou sem preocupação alguma quanto à origem, sem saber se a carne era de frigorífico que tivesse o selo do Serviço de Inspeção Federal ou mesmo se o açougue a mantinha armazenada corretamente. Também não consultou a responsável pelo setor de qualidade para confirmar se aquela era a solução para o problema da falta de carne.

A terça-feira foi tão sombria quanto a tarde chuvosa na cidade... vários clientes foram parar no hospital com DTA (doença transmitida por alimento).

Desse exemplo, ficam as lições.

- Nunca adquirir produtos sem procedência. É preciso ter certeza da qualidade invisível do prato que está sendo servido aos clientes.
- Organizar a requisição diária, checando se há insumos para o dia seguinte.
- Não arriscar e colocar a reputação em jogo. Em uma situação como a do restaurante que relatamos, teria sido melhor partir para pratos à base de ovos, opções veganas ou massas. Ou seja, usar a criatividade em vez de adotar soluções fáceis e temerárias.

ENGENHARIA DE CARDÁPIO

Muitos de nós já ouvimos a expressão de que não devemos julgar um livro pela capa, porém, quando aplicamos esse dito popular para o cardápio, a expressão se torna verdadeira.

O cardápio é o cartão de visita de qualquer negócio de alimentação; é por meio dele que o cliente começa seu julgamento do empreendimento.

Não podemos simplesmente afirmar que fazer um cardápio é apresentar os produtos que são vendidos e seus respectivos preços. Elaborar um cardápio constitui uma das tarefas mais importantes do negócio de A&B, e essa tarefa demanda estudo para que o resultado seja coerente com o conceito do estabelecimento.

Segundo Barreto (2010), o cardápio – também chamado *menu*, lista ou carta – é um veículo de informação, venda e publicidade de um restaurante e tem por finalidade auxiliar os clientes na escolha dos alimentos e/ou bebidas.

Quando planejamos um cardápio, temos de pensar em alguns pontos importantes, descritos a seguir.

- **Objetivos:** é preciso definir o tipo de cardápio que será criado, a margem de contribuição dos pratos, a previsão de vendas, o público a que se destinará, entre outros fatores.
- **Conhecimentos culinários:** o cardápio precisa ser atrativo e apresentar itens variados ao cliente.
- **Conhecimentos de serviços:** os pratos oferecidos podem exigir talheres especiais e até um treinamento mais adequado dos garçons.
- *Layout:* a definição de cores, tipo de letra e fotos tem grande importância, pois, como dissemos, o cardápio é o cartão de visita do empreendimento.
- **Redação:** uma vez que o cardápio reflete a imagem do restaurante, a redação das informações nele contidas é um aspecto de extrema importância e deve ser uma preocupação de quem planeja e escreve o *menu*.
- **Localização dos produtos:** a área do cardápio em que um prato é apresentado tem influência sobre sua venda, por isso é importante definir os produtos que estarão nessas localizações mais nobres.
- **Preços:** a informação do preço é de suma importância, para que o cliente conheça antecipadamente o que ele desembolsará, evitando possíveis constrangimentos na hora do pagamento.

- **Execução final:** é preciso verificar cuidadosamente e aprovar a arte-final do cardápio antes de ele ser impresso, para evitar erros que prejudicam a imagem do negócio.

Figueiredo (2011) ressalta que o planejamento do cardápio requer mais do que uma vasta quantidade de receitas e ideias inovadoras para apresentar aos clientes, pois o cardápio é um instrumento que pode influenciar toda a infraestrutura do restaurante, assim como a infraestrutura pode influir no cardápio.

Assim, devemos considerar alguns pontos importantes na elaboração desse instrumento: a estrutura física do estabelecimento, o perfil do cliente (idade, tempo disponível, hábitos), as matérias-primas e embalagens que serão utilizadas, as técnicas e os processos de produção que serão aplicados, a mão de obra que será envolvida, os equipamentos e utensílios que serão demandados, o número de refeições ou vendas que serão realizadas.

O cardápio é ainda uma poderosa ferramenta de venda e marketing, que deve incentivar o cliente ao consumo e estimular sua curiosidade, para que ele se permita degustar novos produtos ou ter novas experiências.

PRODUTOS ESTRATÉGICOS

Em qualquer negócio de A&B, há os produtos que vendem mais e os que vendem menos. O importante a compreender é que vender uma quantidade grande de um produto pode ser muito bom para alguns, mas não para outros. Figueiredo (2011) nos faz refletir com esta pergunta: como é possível um prato que tem um bom volume de vendas não ser um bom prato para manter no cardápio do restaurante?

Para compreender melhor essa questão, vamos nos utilizar de um exemplo citado por Alves (2018) referente a um estabelecimento que vende lanches. Com base no relatório de venda do grupo "Beirute", temos os resultados apresentados na figura 9.1.

RELAÇÃO DE VENDA MENSAL						
Nome do produto	Quant. vendida	% das vendas	Preço de venda	Custo	Margem por produto	Margem total por produto
BEIRUTE DE FILE MIGNON	800	32%	24,90	13,50	11,40	9.120,00
BEIRUTE DE FRANGO	750	30%	21,90	8,30	13,60	10.200,00
BEIRUTE DE CALABRESA	540	22%	20,90	9,20	11,70	6.318,00
BEIRUTE DE PEITO DE PERU	390	16%	22,90	10,40	12,50	4.875,00
Total de produtos vendidos	2.480		Margem de contribuição total			30.513,00

Figura 9.1 | Exemplo de análise de vendas.
Fonte: Alves (2018).

No exemplo da figura 9.1, não devemos julgar o preço de venda e o custo de cada produto. Certamente existem no mercado preços e custos diferentes. O foco do exemplo é a análise da margem de contribuição gerada por cada produto, como explicado a seguir.

- O beirute de filé-mignon vende quase 7% mais que o de frango, porém o beirute de frango tem uma margem total quase 12% superior que a do beirute de filé-mignon.
- O beirute de filé-mignon vende 105% mais que o de peito de peru, porém, quando falamos de margem total, ele representa apenas 87% mais que o beirute de peito de peru.
- O beirute de calabresa vende 38% mais que o beirute de peito de peru, porém, quando consideramos a margem total, ele responde por pouco mais de 29% em comparação com o beirute de peito de peru.

Podemos afirmar, então, que o beirute de frango é o produto mais rentável entre os quatro apresentados na figura, seguido pelo beirute de peito de peru, pelo beirute de calabresa e, por último, pelo beirute de filé-mignon, que é o mais vendido.

Ou seja, muitas vezes se descobre que os principais produtos de venda, que atraem o cliente, não são os que apresentam melhor rentabilidade. Um produto que atrai os clientes e não tem uma margem de contribuição boa pode, por exemplo, ser vendido em conjunto com um produto cuja margem seja muito boa, a fim de que a venda dos dois ofereça uma margem significativamente aceitável. É o caso do café com pão de queijo. A bebida pode não ter uma margem boa, porém, quando há a venda do café com um pão de queijo cuja margem de contribuição seja excelente, acaba havendo um CMV bom para o empreendimento.

Assim, reforçando: todo negócio de A&B deve não só avaliar as quantidades dos produtos vendidos como também detectar os produtos que geram mais margem. Quando se consegue fazer essa análise envolvendo quantidade e margem, é possível ter uma visão mais ampla da eficiência do cardápio.

E, para que essas avaliações sejam efetivas, é preciso haver fichas de todos os produtos bem elaboradas e constantemente atualizadas.

Quando conseguimos definir os produtos campeões de venda, considerando o CMV de cada um e identificando possíveis estratégias de venda para aumentar o faturamento e a margem, pode ser uma ótima ideia posicionar esses produtos em áreas de destaque no cardápio e orientar a equipe a oferecer cada vez mais esses itens.

FUNCIONAMENTO DA ENGENHARIA DE CARDÁPIO

Para facilitar a análise e aumentar a lucratividade de um negócio, podemos utilizar a chamada engenharia de cardápio. Essa ferramenta foi criada em 1982 pelos pesquisadores Michel Kasavanas e Donald Smith, da Universidade de Michigan, nos Estados Unidos.

Alves (2018) afirma que a engenharia de cardápio funciona como um farol capaz de guiar o gestor de A&B na escuridão da ignorância sobre suas vendas, permitindo entender melhor sua dinâmica e possibilitando a tomada de decisões que melhoram a lucratividade do empreendimento. Segundo o autor, a utilização da engenharia de cardápio pode aumentar as vendas entre 15% e 30%. No entanto, ele ressalta que, para essa ferramenta funcionar perfeitamente, é de extrema importância que os dados levantados sejam confiáveis, que os responsáveis pelo estabelecimento estejam empenhados e que as fichas técnicas dos produtos estejam atualizadas e corretas.

Para aplicar o método Smith-Kasavanas, são necessárias algumas premissas e considerações:

- considerar sempre um período fechado;
- separar os alimentos das bebidas;

- considerar a popularidade de cada produto;
- conhecer o custo de cada produto;
- conhecer as quantidades vendidas no período definido;
- ter em mãos o preço de venda de cada produto;
- conhecer a margem de contribuição (preço de venda menos o custo).

Após os valores de cada produto serem apurados, eles são alocados em um dos quadrantes da matriz do método Smith-Kasavanas, sempre relacionados com a margem de contribuição e a porcentagem de vendas.

Os resultados refletidos pelos produtos são "classificados" conforme a figura 9.2: produtos "burro de carga", produtos "estrela", produtos "quebra-cabeça" e produtos "abacaxi".

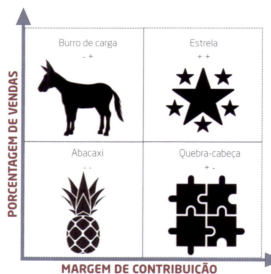

Figura 9.2 | Quadrantes do método Smith-Kasavanas.
Fonte: Alves (2018).

Quadrante "Burro de carga"
- **Margem de contribuição:** negativa.
- **Porcentagem de vendas:** positiva.

Figueiredo (2011) define os produtos desse quadrante como aqueles que apresentam baixa margem de contribuição, porém grande porcentagem de vendas. Esses produtos são importantes para contribuir com o giro de mercadorias e a demanda em um estabelecimento.

Para aumentar a contribuição desses produtos, as sugestões são:

- reavaliar insumos de maior custo e refazer a ficha técnica;
- reduzir os custos das matérias-primas;
- avaliar a produtividade tentando melhorá-la;
- avaliar o tamanho da porção;
- revisar o processo de produção, avaliando desperdícios e indicadores;
- mudar a localização no cardápio;
- testar a elasticidade de preço;
- aumentar o preço.

Quadrante "Estrela"
- **Margem de contribuição:** positiva.
- **Porcentagem de vendas:** positiva.

Nesse quadrante, estão situados os produtos mais importantes para o cardápio, pois, além de apresentarem boa porcentagem de vendas, são bastante lucrativos.

Nesse caso, as recomendações são:

- focar o produto;
- manter as especificações de compra;
- manter as fichas técnicas como estão;
- manter a apresentação final dos produtos;
- incentivar a equipe de vendas para que ofereça esses produtos;
- posicionar os produtos em local nobre do cardápio;
- testar a elasticidade de preços de venda.

Quadrante "Abacaxi"
- **Margem de contribuição:** negativa.
- **Porcentagem de vendas:** negativa.

Temos nesse quadrante os produtos de margem de contribuição baixa e porcentagem de vendas também baixa.

Segundo Figueiredo (2011), são produtos que merecem atenção e para os quais podem ser feitas estas ações:

- se a margem de contribuição estiver próxima do ponto de equilíbrio, reverter a situação aumentando a margem;
- aumentar o preço de venda, para chegar ao quadrante "Quebra-cabeça";
- avaliar as matérias-primas e/ou as embalagens do produto;
- investigar o motivo da baixa popularidade do produto;
- substituir o produto por outro com maior potencial de vendas.

Quadrante "Quebra-cabeça"
- **Margem de contribuição:** positiva.
- **Porcentagem de vendas:** negativa.

Segundo Figueiredo (2011), trata-se de produtos considerados positivos para o estabelecimento, pois possuem uma boa margem de contribuição, embora apresentem baixa porcentagem de vendas.

Nesse caso, as sugestões são:

- incentivar os garçons a oferecerem o produto com mais frequência ou criar promoções e descontos;
- mudar a localização do produto no cardápio;
- reduzir a produção, uma vez que a venda é baixa;
- considerar substituir o nome do produto.

PLANILHA ELETRÔNICA

Existem casos de restaurantes que têm excelentes vendas, produtos fantásticos, clientela fiel, mas não apresentam o lucro esperado no fim do mês. Para resolver uma situação assim, seria necessário vender os produtos de maior margem de contribuição em maior quantidade e, consequentemente, obter uma grande diferença ao final do mês.

Como já falamos e vale a pena reforçar, quando consideramos utilizar a engenharia de cardápio para trazer uma maior lucratividade ao negócio de A&B, é preciso identificar a popularidade e a margem de contribuição de cada produto.

- **Margem de contribuição:** como vimos, é o preço de venda menos o custo do produto. Assim, consideramos que o mais importante é o que o negócio ganha em dinheiro, e não com a lucratividade em porcentagem de cada produto.
- **Popularidade:** é o conceito de que alguns produtos do cardápio vendem muito e outros vendem pouco. Assim, a popularidade de um produto é definida pela sua quantidade de vendas em porcentagem.

Para facilitar essa análise, vamos criar uma planilha eletrônica que agiliza a classificação dos produtos para que, então, sejam enquadrados na matriz do método Smith-Kasavanas. É uma planilha simples e eficiente, aplicável para a engenharia de cardápio tanto de um empreendimento próprio como de um estabelecimento em que trabalhemos.

1º passo: definir o grupo de produtos e montar a planilha

A engenharia de cardápio deve ser realizada em um grupo de produtos similares ou em categorias de produtos (por exemplo, entradas, saladas, carnes, peixes, massas, sobremesas, bebidas). Assim, nesta primeira etapa, precisamos definir o grupo de itens que serão analisados e, então, montar a planilha.

No estabelecimento que servirá como exemplo, temos pratos principais, pratos do dia e bebidas. O grupo de vendas em análise será o de pratos principais, no período de 01/05/2018 a 31/05/2018.

A planilha deve ter, em seu cabeçalho, o nome do grupo ou da categoria analisados e o período.

E, então, as seguintes colunas:

- "Item" (que vai indicar o número do produto analisado);
- "Nome do produto" (para identificar o item daquele grupo ou categoria em análise);
- "Quantidade vendida";
- "Preço de venda";
- "Custo";
- "Total de vendas";
- "Total de custos";
- "Margem de contribuição";
- "Margem de contribuição total",

238 | Gestão de negócios de alimentação: casos e soluções

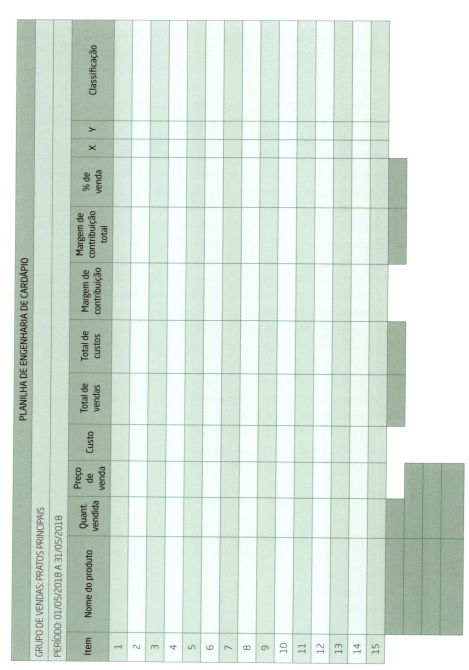

Figura 9.3 | 1ª passo da planilha eletrônica para engenharia de cardápio.
Fonte: Alves (2018).

- "% de venda";
- "X" (referente ao eixo x da matriz de Smith-Kasavanas, relacionado à margem de contribuição);
- "Y" (referente ao eixo y da matriz de Smith-Kasavanas, relacionado à porcentagem de vendas);
- Classificação.

Em seguida, criamos a quantidade de linhas necessária para a acomodação dos itens.

Criamos também as células nas quais teremos as somas das colunas de quantidade vendida, de total de vendas, de total de custos, de margem de contribuição total e de porcentagem de venda.

Por fim, devemos inserir mais três linhas: "Número de produtos", "Média das margens de contribuição" e "Ponto médio das % de vendas".

2º passo: iniciar o preenchimento

Para começar o preenchimento, vamos separar os pratos do dia dos pratos principais.

Na coluna "Nome do produto", vamos digitar todos os pratos principais constantes do cardápio.

Na coluna "Quantidade vendida", colocaremos as quantidades vendidas de cada produto de acordo com o período estipulado (no caso, de 01/05/2018 a 31/05/2018).

Na coluna "Preço de venda", serão inseridos os valores que estão no cardápio. É importante que os preços sejam exatamente os mesmos que constam do cardápio.

Na coluna "Custo", vamos colocar os custos dos produtos, que podem ser obtidos pelas fichas técnicas de cada um – por essa razão, é importante que as fichas estejam sempre atualizadas.

PLANILHA DE ENGENHARIA DE CARDÁPIO

GRUPO DE VENDAS: PRATOS PRINCIPAIS
PERÍODO: 01/05/2018 A 31/05/2018

Item	Nome do produto	Quant. vendida	Preço de venda	Custo	Total de vendas	Total de custos	Margem de contribuição	Margem de contribuição total	% de venda	X	Y	Classificação
1	MILANESA	342	48,00	9,60								
2	MIGNON	197	59,00	20,65								
3	SALMAO	150	51,00	19,38								
4	FRANGO CROSTA	152	43,00	12,90								
5	ESPAGUETE CAMARAO	127	51,00	17,85								
6	HAMBURGUER	99	37,00	9,25								
7	ANCHO CHIMICHURRI	71	59,00	20,65								
8	SAINT PETER	58	43,00	16,34								
9	ROBALO	47	59,00	23,60								
10	FETTUCCINE CORDEIRO	60	43,00	15,05								
11	PALETA CORDEIRO	46	50,00	22,50								
12												
13												
14												
15												
Totais												
Número de produtos												
Média das margens de contribuição												
Ponto médio das % de vendas												

Figura 9.4 | 2ª passo da planilha eletrônica para engenharia de cardápio.
Fonte: Alves (2018).

3º passo: criar as fórmulas
Nesta etapa, serão criadas as fórmulas que facilitarão os cálculos:

- **coluna "Total de vendas":** quantidade vendida × preço de venda;
- **coluna "Total de custos":** quantidade vendida × custo;
- **coluna "Margem de contribuição":** preço de venda - custo;
- **coluna "Margem de contribuição total":** quantidade vendida × margem de contribuição.

Na última linha, vamos colocar a soma das colunas "Quantidade vendida", "Total de vendas", "Total de custos" e "Margem de contribuição total".

4º passo: completar com o percentual de venda, para descobrir a popularidade
Nesta etapa, vamos completar a coluna "% de venda".

Nessa coluna, a informação consiste no percentual de vendas de cada prato em relação ao total de pratos vendidos. Podemos dizer também que seria sua popularidade.

No caso do produto milanesa, por exemplo, temos 342 unidades vendidas, divididas por 1.349 (total da quantidade vendida), resultando em 25,35%.

5º passo: realizar os cálculos finais
Por fim, vamos calcular as últimas três linhas da planilha:

- **linha "Número de produtos":** quantidade de produtos que colocamos na planilha de engenharia de cardápio (no exemplo, 11);
- **linha "Média das margens de contribuição":** margem de contribuição total dividida pelo total da quantidade vendida de produtos;
- **linha "Ponto médio das % de vendas":** 100% dividido pelo número de produtos, multiplicado por 70%. Esse valor de 70% é fixo, pois se refere ao total da análise (que é 100%, embora a margem de segurança seja de 70%).

Agora temos todos os valores que possibilitam analisar os produtos e colocá-los na matriz utilizada pelo método Smith-Kasavanas.

PLANILHA DE ENGENHARIA DE CARDÁPIO

GRUPO DE VENDAS: PRATOS PRINCIPAIS
PERÍODO: 01/05/2018 A 31/05/2018

Item	Nome do produto	Quant. vendida	Preço de venda	Custo	Total de vendas	Total de custos	Margem de contribuição	Margem de contribuição total	% de venda	X	Y	Classificação
1	MILANESA	342	48,00	9,60	16.416,00	3.283,20	38,40	13.132,80				
2	MIGNON	197	59,00	20,65	11.623,00	4.068,05	38,35	7.554,95				
3	SALMAO	150	51,00	19,38	7.650,00	2.907,00	31,62	4.743,00				
4	FRANGO CROSTA	152	43,00	12,90	6.536,00	1.960,80	30,10	4.575,20				
5	ESPAGUETE CAMARAO	127	51,00	17,85	6.477,00	2.266,95	33,15	4.210,05				
6	HAMBURGUER	99	37,00	9,25	3.663,00	915,75	27,75	2.747,25				
7	ANCHO CHIMICHURRI	71	59,00	20,65	4.189,00	1.466,15	38,35	2.722,85				
8	SAINT PETER	58	43,00	16,34	2.494,00	947,72	26,66	1.546,28				
9	ROBALO	47	59,00	23,60	2.773,00	1.109,20	35,40	1.663,80				
10	FETTUCCINE CORDEIRO	60	43,00	15,05	2.580,00	903,00	27,95	1.677,00				
11	PALETA CORDEIRO	46	50,00	22,50	2.300,00	1.035,00	27,50	1.265,00				
12												
13												
14												
15												
Totais		1.349			66.701,00	20.862,82		45.838,18				
Número de produtos												
Média das margens de contribuição												
Ponto médio das % de vendas												

Figura 9.5 | 3ª passo da planilha eletrônica para engenharia de cardápio.
Fonte: Alves (2018).

Engenharia de cardápio | 243

PLANILHA DE ENGENHARIA DE CARDÁPIO

GRUPO DE VENDAS: PRATOS PRINCIPAIS
PERÍODO: 01/05/2018 A 31/05/2018

Item	Nome do produto	Quant. vendida	Preço de venda	Custo	Total de vendas	Total de custos	Margem de contribuição	Margem de contribuição total	% de venda	X	Y	Classificação
1	MILANESA	342	48,00	9,60	16.416,00	3.283,20	38,40	13.132,80	25,35%			
2	MIGNON	197	59,00	20,65	11.623,00	4.068,05	38,35	7.554,95	14,60%			
3	SALMAO	150	51,00	19,38	7.650,00	2.907,00	31,62	4.743,00	11,12%			
4	FRANGO CROSTA	152	43,00	12,90	6.536,00	1.960,80	30,10	4.575,20	11,27%			
5	ESPAGUETE CAMARAO	127	51,00	17,85	6.477,00	2.266,95	33,15	4.210,05	9,41%			
6	HAMBURGUER	99	37,00	9,25	3.663,00	915,75	27,75	2.747,25	7,34%			
7	ANCHO CHIMICHURRI	71	59,00	20,65	4.189,00	1.466,15	38,35	2.722,85	5,26%			
8	SAINT PETER	58	43,00	16,34	2.494,00	947,72	26,66	1.546,28	4,30%			
9	ROBALO	47	59,00	23,60	2.773,00	1.109,20	35,40	1.663,80	3,48%			
10	FETTUCCINE CORDEIRO	60	43,00	15,05	2.580,00	903,00	27,95	1.677,00	4,45%			
11	PALETA CORDEIRO	46	50,00	22,50	2.300,00	1.035,00	27,50	1.265,00	3,41%			
12												
13												
14												
15												
Totais		1.349			66.701,00	20.862,82		45.838,18	100,00%			

Número de produtos	
Média das margens de contribuição	
Ponto médio das % de vendas	

Figura 9.6 | 4ª passo da planilha eletrônica para engenharia de cardápio.
Fonte: Alves (2018).

PLANILHA DE ENGENHARIA DE CARDÁPIO

GRUPO DE VENDAS: PRATOS PRINCIPAIS
PERÍODO: 01/05/2018 A 31/05/2018

Item	Nome do produto	Quant. vendida	Preço de venda	Custo	Total de vendas	Total de custos	Margem de contribuição	Margem de contribuição total	% de venda	X	Y	Classificação
1	MILANESA	342	48,00	9,60	16.416,00	3.283,20	38,40	13.132,80	25,35%			
2	MIGNON	197	59,00	20,65	11.623,00	4.068,05	38,35	7.554,95	14,60%			
3	SALMÃO	150	51,00	19,38	7.650,00	2.907,00	31,62	4.743,00	11,12%			
4	FRANGO CROSTA	152	43,00	12,90	6.536,00	1.960,80	30,10	4.575,20	11,27%			
5	ESPAGUETE CAMARÃO	127	51,00	17,85	6.477,00	2.266,95	33,15	4.210,05	9,41%			
6	HAMBURGUER	99	37,00	9,25	3.663,00	915,75	27,75	2.747,25	7,34%			
7	ANCHO CHIMICHURRI	71	59,00	20,65	4.189,00	1.466,15	38,35	2.722,85	5,26%			
8	SAINT PETER	58	43,00	16,34	2.494,00	947,72	26,66	1.546,28	4,30%			
9	ROBALO	47	59,00	23,60	2.773,00	1.109,20	35,40	1.663,80	3,48%			
10	FETTUCCINE CORDEIRO	60	43,00	15,05	2.580,00	903,00	27,95	1.677,00	4,45%			
11	PALETA CORDEIRO	46	50,00	22,50	2.300,00	1.035,00	27,50	1.265,00	3,41%			
12												
13												
14												
15												
	Totais	1.349			66.701,00	20.862,82		45.838,18	100,00%			
	Número de produtos	11										
	Média das margens de contribuição	33,98										
	Ponto médio das % de vendas	6,36%										

Figura 9.7 | 5º passo da planilha eletrônica para engenharia de cardápio.

6º passo: completar com dados para os eixos x e y da matriz de Smith-Kasavanas

Vamos completar agora as colunas do eixo x (referente à margem de contribuição) e do eixo y (referente à porcentagem de vendas).

Para exemplificar, utilizaremos dois produtos da planilha: milanesa e saint peter.

- Eixo x (margem de contribuição):
    - a milanesa tem margem de contribuição de R$ 38,40. Comparando com a média das margens de contribuição, que é de R$ 33,98, temos uma margem positiva;
    - o saint peter possui margem de contribuição de R$ 26,66, que, comparada à média, que é de R$ 33,98, representa uma margem negativa.
- Eixo y (porcentagem de vendas):
    - a milanesa representa 25,35% das vendas. Comparando com o ponto médio das porcentagens de vendas, que é de 6,36%, temos uma porcentagem positiva;
    - o saint peter responde por 4,30% das vendas, o que, em comparação com o ponto médio, que é de 6,36%, significa porcentagem negativa.

Estabelecendo essa comparação entre todos os produtos, temos a planilha preenchida, conforme mostra a figura 9.8.

7º passo: classificar os produtos nos quadrantes da matriz de Smith-Kasavanas

Com as informações obtidas do eixo x (representando a margem de contribuição) e o eixo y (representando a porcentagem de vendas ou a popularidade do produto), podemos enquadrar cada produto conforme a matriz do método Smith-Kasavanas. Para isso, vale a pena observar a figura 9.9.

No exemplo, temos agora cada produto em seu quadrante:

- **produtos "estrela":** milanesa e mignon;
- **produtos "burro de carga":** salmão, frango crosta, espaguete de camarão e hambúrguer;
- **produtos "quebra-cabeça":** ancho chimichurri e robalo;
- **produtos "abacaxi":** saint peter, fettuccine cordeiro e paleta cordeiro.

PLANILHA DE ENGENHARIA DE CARDÁPIO

GRUPO DE VENDAS: PRATOS PRINCIPAIS
PERÍODO: 01/05/2018 A 31/05/2018

Item	Nome do produto	Quant. vendida	Preço de venda	Custo	Total de vendas	Total de custos	Margem de contribuição	Margem de contribuição total	% de venda	X	Y	Classificação
1	MILANESA	342	48,00	9,60	16.416,00	3.283,20	38,40	13.132,80	25,35%	+	+	
2	MIGNON	197	59,00	20,65	11.623,00	4.068,05	38,35	7.554,95	14,60%	+	+	
3	SALMÃO	150	51,00	19,38	7.650,00	2.907,00	31,62	4.743,00	11,12%	-	+	
4	FRANGO CROSTA	152	43,00	12,90	6.536,00	1.960,80	30,10	4.575,20	11,27%	-	+	
5	ESPAGUETE CAMARÃO	127	51,00	17,85	6.477,00	2.266,95	33,15	4.210,05	9,41%	-	+	
6	HAMBURGUER	99	37,00	9,25	3.663,00	915,75	27,75	2.747,25	7,34%	-	+	
7	ANCHO CHIMICHURRI	71	59,00	20,65	4.189,00	1.466,15	38,35	2.722,85	5,26%	+	-	
8	SAINT PETER	58	43,00	16,34	2.494,00	947,72	26,66	1.546,28	4,30%	-	-	
9	ROBALO	47	59,00	23,60	2.773,00	1.109,20	35,40	1.663,80	3,48%	+	-	
10	FETTUCCINE CORDEIRO	60	43,00	15,05	2.580,00	903,00	27,95	1.677,00	4,45%	-	-	
11	PALETA CORDEIRO	46	50,00	22,50	2.300,00	1.035,00	27,50	1.265,00	3,41%	-	-	
12												
13												
14												
15												
	Totais	1.349			66.701,00	20.862,82		45.838,18	100,00%			

Número de produtos	11
Média das margens de contribuição	33,98
Ponto médio das % de vendas	6,36%

Figura 9.8 | Passo 6 da planilha eletrônica para engenharia de cardápio.
Fonte: Alves (2018).

QUADRANTE	MARGEM DE CONTRIBUIÇÃO	PORCENTAGEM DE VENDAS
 Burro de carga	↓	↑
 Estrela	↑	↑
 Abacaxi	↓	↓
 Quebra-cabeça	↑	↓

Figura 9.9 | Margem de contribuição e porcentagem de vendas conforme os quadrantes da matriz de Smith-Kasavanas.
Fonte: Alves (2018).

Com os produtos definidos em cada quadrante, será possível focar os que são "estrela", tentar aumentar o preço dos produtos "burro de carga", retirar do cardápio os produtos "abacaxi" e buscar aumentar as vendas dos produtos "quebra-cabeça".

O importante é que as estratégias tomadas tenham como objetivo final o aumento da lucratividade do empreendimento. Nesse exemplo, o valor de R$ 45.838,18 pode ser aumentado transformando os produtos em "estrela".

PLANILHA DE ENGENHARIA DE CARDÁPIO

GRUPO DE VENDAS: PRATOS PRINCIPAIS
PERÍODO: 01/05/2018 A 31/05/2018

Item	Nome do produto	Quant. vendida	Preço de venda	Custo	Total de vendas	Total de custos	Margem de contribuição	Margem de contribuição total	% de venda	X	Y	Classificação
1	MILANESA	342	48,00	9,60	16.416,00	3.283,20	38,40	13.132,80	25,35%	+	+	ESTRELA
2	MIGNON	197	59,00	20,65	11.623,00	4.068,05	38,35	7.554,95	14,60%	+	+	ESTRELA
3	SALMAO	150	51,00	19,38	7.650,00	2.907,00	31,62	4.743,00	11,12%	-	+	BURRO DE CARGA
4	FRANGO CROSTA	152	43,00	12,90	6.536,00	1.960,80	30,10	4.575,20	11,27%	-	+	BURRO DE CARGA
5	ESPAGUETE CAMARAO	127	51,00	17,85	6.477,00	2.266,95	33,15	4.210,05	9,41%	-	+	BURRO DE CARGA
6	HAMBURGUER	99	37,00	9,25	3.663,00	915,75	27,75	2.747,25	7,34%	-	+	BURRO DE CARGA
7	ANCHO CHIMICHURRI	71	59,00	20,65	4.189,00	1.466,15	38,35	2.722,85	5,26%	+	-	QUEBRA-CABEÇA
8	SAINT PETER	58	43,00	16,34	2.494,00	947,72	26,66	1.546,28	4,30%	-	-	ABACAXI
9	ROBALO	47	59,00	23,60	2.773,00	1.109,20	35,40	1.663,80	3,48%	+	-	QUEBRA-CABEÇA
10	FETTUCCINE CORDEIRO	60	43,00	15,05	2.580,00	903,00	27,95	1.677,00	4,45%	-	-	ABACAXI
11	PALETA CORDEIRO	46	50,00	22,50	2.300,00	1.035,00	27,50	1.265,00	3,41%	-	-	ABACAXI
12												
13												
14												
15												
	Totais	1.349			66.701,00	20.862,82		45.838,18	100,00%			
	Número de produtos	11										
	Média das margens de contribuição	33,98										
	Ponto médio das % de vendas	6,36%										

Figura 9.10 | 7ª passo da planilha eletrônica para engenharia de cardápio.
Fonte: Alves (2018).

ESTRATÉGIAS DE VENDA

Como vimos, para a aplicação do método Smith-Kasavanas, é preciso realizar a análise de cada produto individualmente e enquadrá-lo na matriz que o método utiliza.

Uma vez que tenhamos todos os produtos distribuídos na matriz, é necessário definir algumas estratégias de venda, as quais serão diferentes para cada quadrante.

Estratégias para produtos "burro de carga"

Os produtos enquadrados no quadrante "Burro de carga" são aqueles que, embora possuam alta popularidade, não deixam uma boa margem de contribuição.

Esses produtos muitas vezes são impulsionadores de outros produtos (principalmente os "quebra-cabeça" e "abacaxi"). Assim, são produtos importantes, que colaboram para o giro de vendas.

Como o problema dos produtos "burro de carga" é a margem de contribuição, a primeira ação em que podemos pensar é o aumento do preço, pois consequentemente melhoraríamos a margem a ponto de tornar o produto "estrela". Mas essa solução simples pode ter uma consequência: queda de vendas decorrente do aumento do preço a ponto de o produto se transformar em "abacaxi".

Podemos também pensar em reduzir os custos e melhorar a margem de contribuição, seja nas quantidades utilizadas, seja nas reduções de matérias-primas e/ou embalagens, seja na melhoria da produtividade do produto.

A criação de combos é uma outra possível solução: podem-se incluir ao produto "burro de carga" combinações de outros produtos com margem de contribuição melhor, fazendo com que o resultado final seja positivo.

Estratégias para produtos "estrela"

Os produtos "estrela" são aqueles dos sonhos do dono de estabelecimento: populares e com as melhores margens de contribuição. Assim, devem ser o foco do empreendimento, para alavancar a lucratividade do cardápio.

Podemos destacar os melhores produtos "estrela" dando privilégios no cardápio – por exemplo, colocar uma estrelinha ao lado do nome do produto, acrescentar frases como "Sugestão do *chef*" ou "Especialidade da casa" e, claro, incluir fotos de excelente qualidade em posição de destaque, para atrair ainda mais a atenção do cliente. Drinques e coquetéis são exemplos de bebidas nessa categoria. E, como dito anteriormente, a equipe de vendas deve ser incentivada a oferecer esses produtos. Também podem ser criadas campanhas de vendas com premiações.

Em razão da alta popularidade, podemos lançar mão dessa vantagem e sugerir outros produtos para acompanhar os "estrela" (principalmente produtos "quebra-cabeça"), criando uma harmonização de produtos.

Estratégias para produtos "abacaxi"

Diferentemente dos produtos "estrelas", os produtos "abacaxi" podem ser um pesadelo: além de não serem populares, não possuem boa margem de contribuição. Em tese, deveriam ser retirados do cardápio imediatamente para abrir espaço para outros itens de melhores resultados.

No entanto, talvez não possamos simplesmente excluí-los. Podemos tentar reverter o resultado e torná-los pertencentes a um quadrante com maior margem de contribuição.

Uma das opções é rever toda a ficha técnica do produto, buscando possibilidades para reduzir o custo e, assim, melhorar a margem de contribuição, transformando-o em um produto "quebra-cabeça". Essa redução de custo pode se dar pela redução da porção, da quantidade de matérias-primas utilizadas, da qualidade da embalagem utilizada, enfim, qualquer alteração de custo para menos fará imediatamente a margem ser alterada, melhorando o resultado.

Outra ação é estudar o motivo da venda baixa do produto. Infelizmente, ele pode não ter aderido à proposta do empreendimento. Em caso como esse, ele deve ser substituído por um produto com maior chance de venda.

Estratégias para produtos "quebra-cabeça"

Aqui estão os produtos que deixam uma margem de contribuição positiva, porém, por algum motivo, não são muito populares. Assim, o desafio para o gestor é aumentar a popularidade dos produtos "quebra-cabeça".

A principal estratégia para melhorarmos o resultado consiste em aumentar as vendas, com o incentivo, por exemplo, aos garçons para que ofereçam o produto com mais frequência.

Outra estratégia é torná-lo mais atraente, alterando o nome do produto ou sua localização no cardápio – talvez incluir uma foto para chamar a atenção dos clientes.

Há também a possibilidade de criar promoções ou descontos, mesmo que temporários, para que os clientes possam conhecer esses produtos. Os produtos "quebra-cabeça" são excelentes para ser utilizados em promoções ou combos com produtos "burro de carga".

CASO 27 – ENGENHARIA DE CARDÁPIO

Estabelecimento
Caso relatado por um aluno que trabalhava como gerente de A&B no restaurante de um hotel localizado em São Paulo.

Cenário encontrado
Após estudar detalhadamente engenharia de cardápio em sala de aula, o aluno vislumbrou a possibilidade de melhorar os resultados do empreendimento hoteleiro.

O cardápio era uma folha de papel A4, muito extenso, sem qualquer atrativo. Pedia socorro! Havia muitos pratos, sem direcionamento para vendas, o que dificultava a gestão de compras e de estoque. Muitos produtos com vendas baixas não justificavam estar no cardápio.

Os desafios consistiam em:

- convencer o diretor a realizar as mudanças (incluir novos pratos, excluir os que não tinham representatividade, confeccionar um novo cardápio com fotos dos pratos da casa);
- focar as vendas dos pratos certos;
- reduzir o CMV;
- melhorar as margens;
- melhorar o trabalho na cozinha.

Encaminhamento e soluções
- Foi feito estudo da curva ABC de vendas, para definir os pratos que teriam prioridade para análise de engenharia de cardápio.
- As fichas técnicas desses pratos foram revisadas; todas as matérias-primas ganharam especificação; todas as receitas passaram por análise, tanto de custo como de preço de venda.
- O recebimento de mercadoria passou a ser prioridade – por exemplo, havendo a contagem das laranjas que eram entregues. Foram detectadas algumas faltas, o que gerou a troca do fornecedor. Além disso, a classificação da laranja passou de T9 para T13.
- As verduras e os legumes passaram a ser adquiridos lavados, higienizados e processados. Com a mudança, observaram-se redução de desperdícios e maior controle de estoque, gerando uma economia de 264%.

- A produtividade de arroz (que passou a ser feito no forno combinado) superou as expectativas, aumentando o rendimento (economia de 770 kg de arroz por ano).
- Foi definida meta de custo para a área de compras.
- O cardápio sofreu redução drástica na quantidade de itens.
- Um novo cardápio foi elaborado, agora com fotos, custos atualizados, vendas direcionadas para os pratos com margens melhores, o que gerou indiretamente uma redução de estoque de matérias-primas.

Resultados

Os produtos "estrela", que antes das mudanças eram 19, passaram a ser maioria. Os produtos "burro de carga", que eram equiparados aos "estrela", tornaram-se minoria. O mesmo efeito ocorreu nos produtos "quebra-cabeça" e "abacaxi", como mostra o quadro.

O aluno recebeu duas promoções, pois conseguiu mostrar que o trabalho em todos os processos pode levar ao aumento de faturamento.

Classificação dos pratos	Junho	Julho	Agosto	Setembro
Burro de carga	17	7	7	1
Estrela	19	33	33	35
Quebra-cabeça	5	1	1	1
Abacaxi	2	2	2	1

Mudança de classificação dos produtos após a implementação da engenharia de cardápio.

REFERÊNCIAS

AGÊNCIA NACIONAL DE VIGILÂNCIA SANITÁRIA (ANVISA). Resolução da Diretoria Colegiada - RDC nº 216, de 15 de setembro de 2004. **Lex**: coletânea de legislação, Brasília, DF, 2004. Disponível em: http://portal.anvisa.gov.br/documents/33916/388704/RESOLU%25C3%2587%25C3%2583O-RDC%2BN%2B216%2BDE%2B15%2BDE%2BSETEMBRO%2BDE%2B2004.pdf/23701496-925d-4d4d-99aa-9d479b316c4b. Acesso em: 14 jun. 2019.

ALTO, Clélio Feres Monte; PINHEIRO, Antonio Mendes; ALVES, Paulo Caetano. **Técnicas de compras**. Rio de Janeiro: Editora FGV, 2009.

ALVES, Alexandre Martins. **Gestão de processos e fluxo de mercadorias para negócios em alimentação**. São Paulo: Editora Senac São Paulo, 2018. (Série Universitária).

BARRETO, Ronaldo Lopes Pontes. **Passaporte para o sabor**: tecnologias para a elaboração de cardápios. 8. ed. São Paulo: Editora Senac São Paulo, 2010.

BRAGA, Roberto M. M. **Gestão da gastronomia**: custos, formação de preços, gerenciamento e planejamento do lucro. 5. ed. rev. e ampl. São Paulo: Editora Senac São Paulo, 2017.

CENTRO DE VIGILÂNCIA SANITÁRIA. Portaria CVS 5, de 09 de abril de 2013. **Lex**: coletânea de legislação, São Paulo, 2013. Disponível em: http://www.cvs.saude.sp.gov.br/up/PORTARIA%20CVS-5_090413.pdf. Acesso em: 17 jun. 2019.

COMO VÊ O CONSUMIDOR a "qualidade alimentar"? **Tecno Alimentar**, 11 nov. 2015. Disponível em: http://www.tecnoalimentar.pt/noticias/como-ve-o-consumidor-a-qualidade-alimentar/. Acesso em: 14 jun. 2019.

COSTA, Nelson Pereira da. **Gestão de restaurante**: uma abordagem do investimento até a análise do resultado. Rio de Janeiro: Ciência Moderna, 2016.

CRUZ, Jabson Tamandaré da; PEREIRA, Leandro. **Rotinas de estoque e almoxarifado**. São Paulo: Editora Senac São Paulo, 2015.

FIGUEIREDO, Alison Alves. **Planejamento de cardápio para restaurantes**. Belo Horizonte: Gestão de Restaurantes, 2011.

FONSECA, Marcelo Traldi. **Tecnologias gerenciais de restaurantes**. 7. ed. São Paulo: Editora Senac São Paulo, 2014.

HEINRITZ, Stuart F.; FARRELL, Paul V. **Compras**: princípios e aplicações. São Paulo: Atlas, 1994.

JÁ SABE QUAL CAFÉ vai servir hoje para o seu cliente? **Fispal Food Digital**, 01 jun. 2017. Disponível em: https://digital.fispalfoodservice.com.br/ja-sabe-qual-cafe-vai-servir-hoje-para-o-sei-cliente/. Acesso em: 14 jun. 2019.

LUCENTINI, José Carlos. **Gestão operacional de preços e custos em restaurantes**. Rio de Janeiro: Livre Expressão, 2014.

NOGUEIRA, Adriano Ribeiro; NETO, Paulo Fortes; UENO, Mariko. **Gestão em um restaurante para redução de custos e de resíduos sólidos**. Curitiba: CRV, 2014.

PINO, Francisco Alberto; VEGRO, Celso Luis Rodrigues. **Café**: um guia do apreciador. São Paulo: Saraiva, 2005.

SILVA, Sandra Maria Chemin Seabra da; MARTINEZ, Silvia. **Cardápio**: guia prático para a elaboração. 2. ed. São Paulo: Roca, 2008.

TEICHMANN, Ione Mendes. **Cardápios**: técnicas e criatividade. Caxias do Sul: Educs, 1987.

VASCONCELLOS, Frederico; CAVALCANTI, Eudemar; BARBOSA, Lourdes. **Menu**: como montar um cardápio eficiente. São Paulo: Roca, 2002.

WATKINS, Michael. **Negociação**. São Paulo: Record, 2004.

ÍNDICE DE CASOS

Caso 1 – A importância da integração, 14
Caso 2 – Definição de cardápio, foco no conceito do negócio, 18
Caso 3 – Controles e integração na gestão operacional, 22
Caso 4 – O camarão certo, 28
Caso 5 – O tamanho da laranja, 36
Caso 6 – Especificação de filé-mignon, 45
Caso 7 – Padronização de carnes maturadas, 46
Caso 8 – Peito de frango sem osso × peito de frango com osso, 49
Caso 9 – Carta de drinques, 55
Caso 10 – Redução de CMV, desperdício, falta de comunicação, falta de gerenciamento de processos, 69
Caso 11 – Custeando restaurante por quilo, 84
Caso 12 – Custeando restaurante por quilo e o valor do desperdício, 85
Caso 13 – Aumentando a venda com novos pratos em restaurante japonês com rodízio, 88
Caso 14 – Levantando o custo por cliente em restaurante japonês com rodízio, 89
Caso 15 – A importância da curva ABC, 98
Caso 16 – Limpando "lixo" de cadastro para gerenciamento de matérias-primas, 108
Caso 17 – Responsabilidade de comprar, 113
Caso 18 – Implantação de um cronograma de compras, 116
Caso 19 – Inconsistências no recebimento, 141
Caso 20 – Implantação do sistema PVPS, 159
Caso 21 – Acompanhamento do fator de correção, 185
Caso 22 – Acompanhamento do índice de cocção, 190
Caso 23 – Fator de rendimento aplicado em massas, 194
Caso 24 – Fator de rendimento aplicado no salmão, 195
Caso 25 – Melhora no resultado do suco de laranja, 211
Caso 26 – Carnes porcionadas, 212
Caso 27 – Engenharia de cardápio, 252

ÍNDICE GERAL

1º passo: definir o grupo de produtos e montar a planilha, 237
2º passo: iniciar o preenchimento, 239
3º passo: criar as fórmulas, 241
4º passo: completar com o percentual de venda, para descobrir a popularidade, 241
5º passo: realizar os cálculos finais, 241
6º passo: completar com dados para os eixos x e y da matriz de Smith-Kasavanas, 245
7º passo: classificar os produtos nos quadrantes da matriz de Smith-Kasavanas, 245
Acompanhamento atento do resto dos pratos, 220
Acompanhar a gestão do estoque, 124
Agradecimentos, 8
Armazenamento criterioso, 218
Armazenar a mercadoria, 138
Armazenar o documento, 138
Associar o cadastro às fichas técnicas via sistemas de automação, 106
Avaliação dos resultados com base no perfil do empreendimento, 203
Aves, 47
Bebidas, 53
Boas práticas de fabricação, 224
Book de produtos, 144
Cadastro de matéria-prima: impactos, 101
Café, 51
Calcular a demanda, 123
Cálculo do CMV, 61
Campanhas eficazes de redução de desperdícios, 221
Capacitar o profissional responsável, 133
Carnes bovinas, 41
CMV ideal, 63
Como custear restaurante de rodízio japonês, 87
Como custear restaurante por quilo, 81
Como receber corretamente, 138
Compra, 66
Compra consciente, 218
Compras, 92
Conduzindo a negociação, 122
Conferir a nota fiscal, 134
Controle de estoque, 161
Controle do CMV, 66

Correta especificação de matéria-prima, 217
Cronograma de compras, 115
Curva ABC, 95, 164
Curva ABC por fornecedor, 100
Curva ABC por valor, 99
Curva ABC por volume, 99
Custo da mercadoria vendida (CMV), 58
Custo-benefício de matéria-prima, 206
Custos, 72
Descobrir o melhor custo-benefício, 214
Desperdício, 67
Desperdícios, 217
Determinar horários para o recebimento, 131
Engenharia de cardápio, 228
Equipamentos adequados, 221
Especificação de matéria-prima, 24
Estabelecer área e equipamentos, 133
Estabelecer categorias de produtos, 102
Estabelecer cronograma de entrega, 131
Estoque, 148
Estoque de segurança, 166
Estoque de segurança, estoque máximo e ponto de pedido, 165
Estoque máximo, 167
Estratégias de venda, 249
Estratégias para produtos "abacaxi", 250
Estratégias para produtos "burro de carga", 249
Estratégias para produtos "estrela", 249
Estratégias para produtos "quebra-cabeça", 250
Exemplo da acelga, O, 204
Exemplo da cebola, O, 222
Exemplo da mandioquinha, O, 207
Exemplo da película da cebola, O, 199
Exemplo do abacaxi, O, 32
Exemplo do chuchu, O, 221
Exemplo do extrato de tomate, O, 213
Exemplo do filé-mignon, O, 201
Exemplo do maracujá, O, 33
Explosão de receitas, 178
Fator de correção, 180
Fator de correção e índice de cocção, 180
Ficha kardex, 162
Ficha técnica de planejamento, 76

Ficha técnica operacional, 78
Fichas técnicas, 67
Funcionamento da engenharia de cardápio, 233
Garantia da qualidade, 152
Gestão do estoque, 66
Gestão operacional, 19
Hortifrúti, 29
Identificação de produtos, 156
Identificar as melhores marcas, 213
Índice de casos, 257
Índice de cocção, 187
Inserir dados no cadastro de forma inteligente, 104
Integração dos fatores que fazem girar a roda do negócio, 13
Inventários, 171
Investimento em tecnologia, 68
(Mau) exemplo de compra de carne sem procedência, O, 225
Meios de armazenamento, 157
Nota do editor, 7
O que é gestão?, 10
O que e como negociar, 118
Observações gerais para produtos não perecíveis, 155
Observações gerais para produtos perecíveis, 154
Padronização de produto, 177
Planejamento, 16
Planejar e controlar a produção (operações), 124
Planilha de controle, 196
Planilha eletrônica, 236
Ponto de pedido, 168
Prazo de validade, 152
Previsão de compras, 123
Previsão de produção, 176
Produção, 174
Produtos estratégicos, 231
Produtos hidropônicos e orgânicos, 40
Produtos higienizados, 38
Produtos higienizados e processados, 38
Produtos não perecíveis, 155
Produtos perecíveis, 153
Produtos processados, 38
PVPS, 158
Quadrante "Abacaxi", 235
Quadrante "Burro de carga", 234
Quadrante "Estrela", 235

Quadrante "Quebra-cabeça", 236
Realizar a conferência qualitativa, 135
Realizar a conferência quantitativa, 137
Reaproveitamento de alimentos, 220
Receber a mercadoria, 133
Recebimento, 128
Recebimento eficaz e eficiente, 218
Referências, 255
Rendimento de produtos, 192
Requisição de materiais, 163
Responsabilidades, 110
Rotinas básicas e importantes, 131
Sazonalidade, 40
Sobre a temperatura, 136
Suínos, 50
Sumário, 4
Tamanho do prejuízo, O, 143
Tipos para molhos, 214
Um exemplo de especificação de carne bovina e substituição de cortes, 43
Utilização do cronograma, 117
Variedade e classificação, 30
Verificar aspectos de qualidade no entregador e no veículo, 134